# まよけの民俗誌

斎藤たま

論創社

# はしがき

近頃まで私たちの身の回りにはまものがいた。今だっているかも知れないが、多くのところでは住む場所を失ったのではないかと思う。

まものがどんな姿をしているか、これはまだ誰も見たことがないのでわからない。目に見えない、これがまものの一大特徴なのである。

けれども性格ならよく知れている。やたらと人の平安をうらやむのである。人の幸せ、喜びが妬ましくて堪らない。うの目たかの目、邪悪な目で人々の間を漁り歩くのだ。

まものが攻撃の対象とするのは何も喜びの中にある人間ばかりではない。その折が特に効果が上る、つまりやっつけ甲斐あるというだけで、常日頃からまものは世に仇なすことばかりに精を出しているのである。暴風をもたらし、大雨を降らせ、空の天井で地団駄を踏んでかんしゃく玉を破裂させ、地を震《ゆ》らし、時には太陽をも呑み、田畑に虫を湧かせ、そちらこちらに火事を起こしてまわり、邪気を発して風邪をひかせ、取りついて体なえさせ、炎の移り行く勢に悪病をはやらせる。究極の目的は命を取るのだ。

普通人に死をもたらすのは死神と言い慣わされる。だからまものはこの死神とも一つものと思われる、厄病を起すのは厄病神、諸々の悪業をしかけるのは悪神とも称される。まものはまた厄病神でも悪神でもあるのらしい。

これらの攻撃に対して、人はただひたすら身を縮め、青ざめていただけだろうか。そんなことはない。敢然として戦を挑んだ。大事な子どもを取られないために、家族をその手から守るために。

しかし何としても人間の方に分が悪いのは相手が目に見えないことである。切っ先鋭く槍を突き出し、剣で薙ぎ払おうが、相手に当っているのか、当らないのかさっぱり手応えがないのではどうにもなしようがない。

そこでやったことは、少しでも可能性のあること、というのは少しでもまものを撃退させるにくみすると思われる方策を、数を頼んで、回を重ねて行ったことだ。

自分たちにとっても脅威である猛々しいものを盾とし、角や刺のあるものを前面に持ち出し、臭いものや汚いもので辟易させ、叩き音や爆発音を立て、光る物で驚かせ、火と紛う赤色で身を包み、目を惑わせる形象を掲げ、果ては足払いのごときペテンにかける。

そのトリックの幼稚さを笑うなかれ。

切り分けるような真の闇の中である。辛うじて安全を確保した家の内にあって、まよけの火を囲み、まわりはみなあちら側の世界に隣り合っている。もし、これが自分の身に起ったことだとして、私たちは一体何が出来たであろうか。

文中挿絵／斎藤　たま
カバーデザイン・見出しカット　山本　睦仁

# まよけの民俗誌◎目次

## 南天



## 紅



## つまらないものですが

## 生臭



## 臼の音



## ヒイラギ

## スベリヒユ



## 箒の話

# 南天

# 南天

十年も前になるが、東京新宿に住む縁者の家に行った折、御馳走が赤飯で、若い嫁さんから、南天の葉をもらってくるのを頼まれた。どこかの家にでも行くのかと思ったら四、五百メートル離れた目白通りという大通りまで出て、七、八軒の民家や商店をやりすごしたところの歩道の端に、所有者の有無は知れない南天の株があるのだという。行ってみるとじっさい車道寄りのところに家並みからは距離を置いてある。茂りが制約されたそう大きな株ではなかったが、周辺の人たちが用ごとに葉先をもらい受けても充分まかなえそうな枝葉のつきようであった。

赤飯を贈る時には南天の葉を添える慣いが今の若い人にもなお受け継がれていることが、これからも知れる。近年は行事があっても家で赤飯を蒸すことも少なくなり、仕出屋の折を配るようだが、その折詰の覆い紙には印刷された南天の絵があるのである。これはしかし赤飯には限らな

いので、ところによっては米を贈る時でも、餅を贈る時でも南天を添える。

新潟の栃尾市（現・長岡市）中野俣では、疱瘡《ほうそう》の見舞には重箱二重ねに団子を作っていくが、その間に南天をはさむ。話を聞かせてくれたカンさんによれば、昔の家ではどこでも家まわりに南天を植えるものだった。たいていがデイと呼ぶ奥座敷の側の角にあったという。滋賀のあたりでも、節句や嫁どり、産見舞、年祝などで餅を贈るごとに同様をする。信楽《しがらき》町朝宮《あさみや》（甲賀市）では子が生れての見舞には魚を煮た物などを持って行くが、それにも南天の葉を入れた。このあたりも、、、、ナリテンのない家はないという。

要するに御馳走ならなんでもということなのだが、その御馳走は昔なら餅であり、赤飯であった。なかでもそう大ごとにならずに用意できたのが赤飯で、これが贈物の代表格となったのだろう。

なぜ南天がこのような使い方をなされるかについては理由はわからない。ただ南天がなにか悪いものをよけると考えられていたことだけは確かである。現代では病気というと医者にかかるし、難よけのお守りも神社仏閣から受けて来た御札などが用いられる。しかしその両者ともに縁遠かった昔の人々がなにをもって身を守ろうとしたかというと、一つがこの南天であった。子どもの病気よけ、わけても命取りの麻疹《はしか》、疱瘡《ほうそう》、流行性感冒、百日咳、お多福風邪など、伝染性の病気がはやり出すと、それらにとりつかれないようにといって南天の細木を三センチばかり、中くびれに削って糸でくくり、子どもの背中に付ける。着物の後ろ襟の直ぐ下のあたりにプラプラ吊し下げるのである。寝る時に邪魔にならないかと案ずるに、ごく細いものだから心配はないという。冬などなら綿入れの袖なしやはんてんの背につけるのである。

鳥取の大山町前で田中ハナさんは、子どもの時、南天のひょうたんをつりけ（後ろ首の直ぐ下）にひっつけてもらったのを覚えている。「麻疹《はしか》さんがつかん」といった。

この南天の軸木は、小さい物で中くびれに削られるためにひょうたんの形とも見なされ、広くでそのように呼び慣わされたのである。しかし、ひょうたんにも似るがまた杵《きね》の形でもあり、臼《うす》にさえ見られなくもない。それで「ひょうたん」と呼ぶ土地もあれば、「杵」「臼」と称する地方もある。さらに、「槌《つち》」、「横槌」と呼ぶ場合もあるのである。

背中につけるのは、いちばん目立つ場所だから、御馳走の上に南天の葉をのせたように効果が大きいのだと思うが、さすがにこの型は幼い者だけ、学校に行くようになると、背中ではなく、帯やモンペの紐や、前掛の紐などにしばって腰にぶら下げるようになる。

九州方面で聞く、糸を長くして首に吊したというのは、よく今でも肌身にお守りを吊している人がある、あんな形になるのだろう。しかもこちらでは病気の折だけでなく、日頃から吊していた。佐賀の富士町柚木で聞いたことだが、「川流れせんごと」といって、南天の横槌を子の首に吊しておく。学校に入るぐらいまで何年間もそうしていた。「川流れ」は夏の水浴びだけで起るわけではない。季節を問わず子どもは川辺を遊び場とするから、その危険はいつでもあるのである。もちろん川流れに限らず、山であろうとどこであろうと、不慮の災難に遭わないようにとの意味だ。だから福岡の志賀島などでのいいようも「怪我せんごと」というのであり、ここの高木さんは「中くびれに削った『槌』をいつも首に吊していた。風呂に入るとそれがぷかりぷかりと浮くのだ」と話していた。

麻疹《はしか》などはやり病のはやった時は、子につけたと同じ南天の横槌を戸口に吊すことも壱岐《いき》（長崎県）とか京都などに行われている。岩手の釜石市付近では門に南天枝と杉枝を吊す。私は、京都の和束町五ノ瀬で、鈴なりの赤い実をつけた一枝を玄関先に掛けてあるのを見たことがあるが、その家の人がいうのに「悪いかぜ入らんように」とのことであった。

家のまわりに植えられる庭木の種類にはとび抜けて南天が多いことに人々は気付かれないだろ

うか。旅をしていても軒ごとにこの木株を見る村が少なくない。それも入口にあり、横手にあり、便所の傍にありというように、家によって一株ばかりとは限らない。昭和五十七年冬に通った広島の美土里《みどり》町助実《すけざね》では、ちょうど赤い実が目印となって、どの家にも二、三株ずつ見られた。なかでもある家では、石垣の間に実生したのまで加えて、実をつけているのだけでも十一株を数えるほどだった。

この辺では

「なるてん（南天）が千本ありゃあ長者になる」

と言い伝えるそうだ。

なんにせよ、生きた南天の木を家まわりに仕立てておけば、病気がはやったといって急いで戸口に吊り下げるわずらいもないわけである。この木は、家の正面、それも家に入る戸口すれすれに置いてあるのもよく見かける。玄関口をコンクリートで固める場合でも、南天の株まわりだけ残してあったりするのである。家の入口を守る、彼の役向きがそうさせるのであろう。

南天の効能をいうならまだ幾つもある。読者の台所に南天の箸はないだろうか。よく土産品などに箸とかしゃ、も、じとか貰うものである。私の台所にも「長寿箸」と銘打って観光地からの土産にされた、白南天の箸と黒南天の箸としゃもじのセットがある。この黒南天のしゃもじは今も使っているが、黒檀の色をし、材も緻密でなかなかに使いやすい。もっともこうした商品の材料は本物の南天ではなく、よく似たナンテン桐という外材なのだそうであるが。

しかし、商売のためだけに南天の箸はつくられたのかと思うとさにあらず。かつて、てんでの家で箸を削って使う頃から南天の箸はあった。これをもって食事をすれば中風にならないとか、歯が病《や》まないなどと御利益がいわれる。

箸ばかりではない。鳥取では、腹痛の時には南天の絵のついた茶碗で食うとよいとまでいわれるそうだから（『日本の民俗・鳥取』第一法規）、通り一遍の信頼感ではない。あいにく南天の木は細くて箸ぐらいしか作れないが、もしこれが太くなるものだったら、とうぜん茶碗もこしらえたのである。

南天は不思議と便所の傍に植えられる。手水鉢《ちょうずばち》の際《きわ》などに植え、水がはねなくていいなどといったりする。便所はまものから逃れるための一大避難所であった。おそらく誰も敬遠する、息もつまるほどの臭気によっているのだろうが、その安全地帯においてなお悪いことが起るのは、それこそよくせきのことであった。便所で転べば大病するとか、それが決して治ることがないなどといって年寄は現在でも忌《い》み恐れる。しかし、その折にも一手救済措置があり、南天の木にとりすがればよいという。熊本の錦町中原のみよのさんによれば、南天につかまり「なんでもなか」といえばよい。また、鹿児島県阿久根市脇本の松本あきのさんによれば、南天が傍にあるとばかりは限らない、そんな時は、次のように言葉だけで叫んでもいいそうである。

「南天の杖　ついたー」

# 熨斗

歳暮や中元の時候に送られてくる案内状にはどれも、熨斗《のし》紙を必要とするか否かを書き入れる場所が設けてある。普段でも商店で贈答品を求めれば、ていねいに熨斗《のし》紙をおつけしますかと聞いてくる。他の多くの風習が埒《らち》もない慣習とばかり白い眼で見られ、生活改善の槍玉に上がった中にあって、こればかりはむしろ以前をしのぐ隆盛ぶりである。

熨斗というのは、熨斗鮑《あわび》の略したもので、本来は鮑そのものを贈物に載せたからなのだという。鮑の身を干したものを薄く長く削り、さらにそれを熨して熨斗《のし》鮑にする。熨斗袋や熨斗紙の中には、たいてい赤色紙を左右から抱き合わせに折り重ねた中に薄黄色いにかわ質の五ミリ巾ほどのものが納まっているのがある。あたかも烏賊《するめ》の骨そっくりなのであるが、それが熨した鮑の身であるという。上等なものでは、こんな吹けば飛ぶような軽々しい姿ではない、もっと紐状の

鮑を束にしたものとか、結び鮑にしたものとかつくらしい。反対にこれが量産の運びとなると、烏賊の骨ばかりのものでも実物をつけるなどは不可能になり、代用品のプラスチックなどで穴埋めをされ、それも手に負えなくなって遂には絵に描いた形だけのものになる。いわゆる今に見る「熨斗紙」、「熨斗袋」である。その経過は南天の生葉が印刷物になったのと共通だろう。

それにしても、どこにでも育つ南天と違って、鮑を調達するのはもっとずっと難事だったろうと思う。昔はいくら数が多かった、潜りさえすれば採れたといったにしてもである。それだからただの鮑の身ではなく、最大限に活用すべく熨し広げたのだろうけれど、それだとしたって、たとえ一つの鮑を家ほどに熨しのばしたにしても国中の求めには応じきれないこと明白である。

幸いなことに、これについてはそんな心配は無用だった。なんでもかでも熨斗一辺倒の今の風潮はさておいて、こうした全国共通化のはじまる以前は、必ずしも熨斗を使うところばかりではなかったからである。熨斗などには縁がなく、鮑というにいたっては、見たことはもちろん、聞いたことさえない山の村に住む人たちも多かった。

そういう人たちの中でも、贈物になにかを添えるという風習だけは厳然と守られていた。

何が用いられたかというと、すでに読者には馴染みの「南天」であり、後に述べる「唐辛子」

「葱《ねぎ》」であり、熨斗鮑と同じような動物質なものとしては、だし用の小雑魚などであった。これはたいてい煮干しと呼ばれるが、地方によってイリコ、イリボシなどと呼ばれる。

　これを二本ほど紙に包むなどして贈物の上にのせるのである。

　この干鰯は南天とも相性がよく、というよりは同業仲間であるに違いなく、一緒にして使われることも多い。鳥取の中山町塩津などは米を贈る時、ナルテン（南天）とイリボシとを、半紙を細折りにしたもので一つにしばってのせていくという。以前はどの地方でも米を贈物にすることが多かった。そのために一升入り、二升入り用の布の米袋を家々で縫っておくものだったが、その袋に入れた米の上にそれらをのっけていく。佐賀の玄海町牟形《むかた》のあたりでは子が生れて三日目や七日目のヤヤヨロコビには、村中の人を招ぶ。招ばれた人たちは米一升を持って行くことで、それにはイリコを紙に包むか、そうでなければ南天葉を添えるといっている。

　干鰯は目出度い時だけに持ち出される品ではない。人が死んで葬式の後には塩で清めるのが一般的だが、イリコを噛んでその用を果たす地方もある。死の告を聞いて悔に行くときにはまよけの唐辛子やニンニクなどを懐にしのばせ、イリコや煮干を持つ地方もある。鰯に厄払いの働きのあることは節分の戸口の串ざしを見れば充分であろう。

干鰯の他で面白いのは魚のヒレをつかうことである。鳥取の海に近い地方では、どの家でも魚のヒレを板戸や玄関口や、台所の板壁などに貼りつけておく。こちらでは飛魚をアゴとかヒィーゴと呼んで多く食べた。そのハビ（羽根）を調理する前に切って貼りつける。飛魚のものには限らないらしいが、飛魚のそれは剣のように一辺に伸びた、美しい流線形で、大きくもあり立派で、ほとんどがこちらになるらしい。生のうちに広げて貼っておくので伸子張《しんしばり》の効能に等しく、ピンと張切ったままの形に仕上がる。

こちらでもなにかというと米が贈られる。産見舞から、嫁どり年祝い、病気見舞など、そんな要《い》りようの時には、板の上から一つ外してのせていく。

ここにも南天は顔を出し、少し内陸部に入った溝口町などでは、ヒイゴ（飛魚）の羽根と南天の二品を紙の細折でしばって入れるのである。

わざわざ玄関口の板戸にまで貼るというのは酔狂かと思うとそうではなく、どういうわけか魚のヒレや尻尾は戸口に掲げてまよけにされる例が広くある。鳥取隣の島根県掛合町（現・雲南市）や仁多町（現・奥出雲町）では、大きなブリの尻尾を長い釘で戸口に打ちつけておく習いだった。正月には当地ではブリを食べる、その時の尻尾を取りおくのだという。天草地方でも、魚のヒレを戸口の守りに貼る風があったし、北の岩手ではシビ（鮪）の尾をまよけだといって貼りつけた。

おなじく岩手の海近い米田町米田で源吉さん（明治四十年生まれ）によれば、魚ヒレはこんな働きも受け持った。当地では小正月十五日に、他地方で節分にやると同じ焼きかがしが作られる。その串にはさむのが餅と豆腐に加えて魚のヒレを切ったもので、これを肥松《まつ》火にいぶして戸窓にさすときに「まのよけ（まよけ）」だといった。

鮑の性格はいま一つはっきりしない。けれども、唐辛子や南天や、また干鰯らと共通の任務についていただけは確かにいえるのである。

# 水引

沖縄地方で贈物にのせる品は一風変っている。ススキの葉をもって、その葉先を一つ結びに結んだものである。名前を多くサンと呼ぶ。こちらでも贈物が食物になるのは他の地方と同じだ。しかもこちらは人のつきあいが密で、シマ（部落）全体が家族のようだから贈物はより頻繁に行われている。嫁に行った娘でも、ほとんどがシマ内の婚姻とあって、しょっちゅう親元には料理などを届けるのである。また隣同士でも少し変ったものをこしらえたりするなら、互いに贈り合う。先祖崇拝も一通りでないので墓場にも御馳走を持ち行く。

しかし、サンは食べ物にというだけではない。相手が人でも使われるのである。殊に幼い子どもを夜間外に連れ出す折には、このサンを子を抱く者の空いた方の手で持つなり、子を抱く者の髷《まげ》にさすようなことをする。御馳走に添えるサンは、葉先をちぎって縛った小さなもので、それ

でサングァ（サンコ）などとも呼ばれるのが、こちらはそう小さくする必要もないので軸ごとのサンを手にして、それを左右に振りなどしながら行く。

「やなむの（いやなもの）よけ」であるという。また「やなかじ（風）」をよけるのだという。当地では一般にこうしたものはモノとかムンと呼ぶのだが、それで「シバ（サン）組《く》んちけ、ものさわりねんごと」（喜如嘉）などという。与那国《よなぐに》島（沖縄県八重山郡与那国町）の祖納《そない》でなどは「までぃむの（まもの）に見《み》んなりなん（見られないように）」といった。

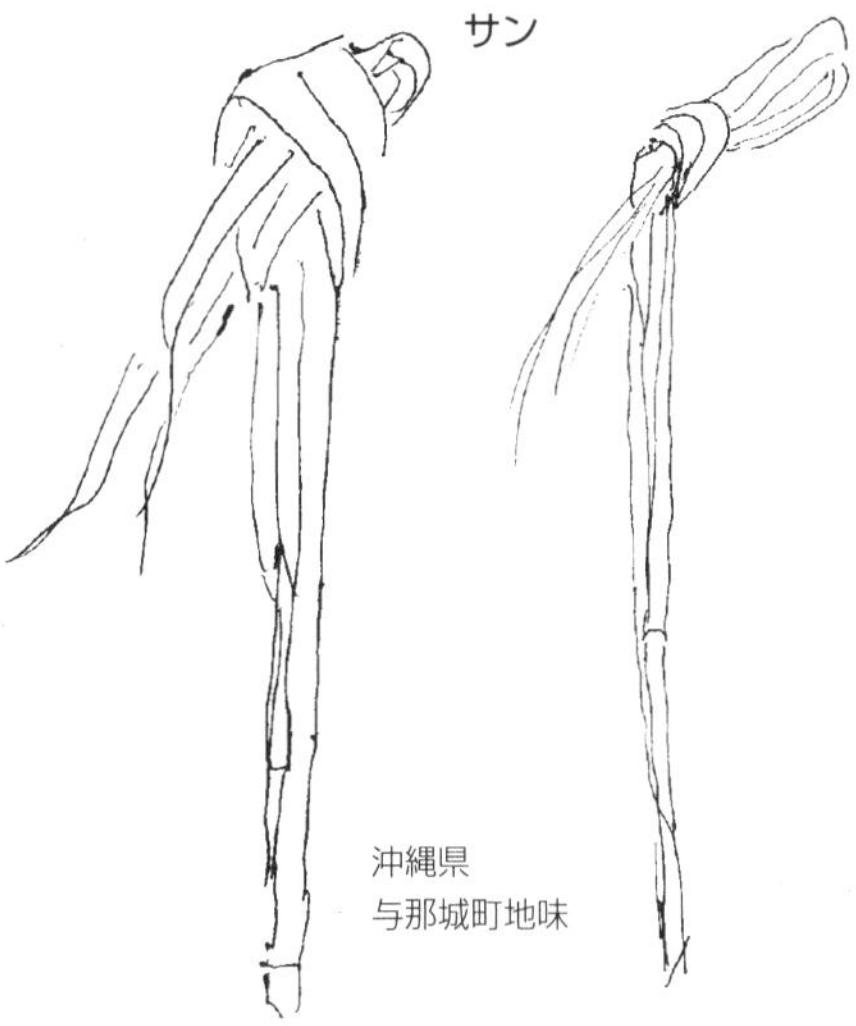

沖縄県
与那城町地味

　そしてこれは食べ物を守り、赤子を守ると同じように家のお守りにされる。「ようかびー」とも呼ばれる八月八日は「まじむん（まもの）月《づき》」ともいってそれをよける節分のような行事がある。その折、サンをたくさん作って家まわり、小屋入口、屋敷の角に、果ては臼、瓶など道具にまでさしてまわる。私は二年ほど前の二月に島の東端の宮城島《みやぎじま》池味《いけみ》（うるま市与那城《よなしろ》）で、なお家の裏手や小屋入口に掲げてあるサンを目にしたことがある。直ぐに取り除くのではなくて風に飛んで行くでもない限りそのまま掲げてあるものと見える。頑丈なススキの軸を三本、まとめて結んだものだった。

ススキは、五月節句に菖蒲《しょうぶ》と共に掲げられるのを見ても察せられるように、まよけの品であることを示している。サンに選ばれている思惑もそこのところにあるのだろう。しかし、必ずしもススキに限るというものでもないのである。沖縄最南端の与那国では藁《わら》を使うという。藁三本を一つに結ぶ。これは沖縄本島北端の国頭村辺戸《くにがみそんへど》でいうのと同じだ。また島南部の勝連《かつれん》半島の与那城村西原《よなしろそんにしはら》（現・うるま市）で前上門よしさんがいったのは、ススキでもなんでも手近にある葉の葉先をしばり、それもない時は紙でもいいというのだった。

要するに、〝結び〟にいわくがありそうなのだ。一本の平らな線でなく、いきつ戻りつ、からまり結ぶことで目くらましの効果ありとするのであろうか。

私たちの贈物に付す〝水引〟も不思議なものである。物をしばったり、くくりつけたりの用はほとんどない。それは、実物の紐が、紙や袋の上に印刷されただけのものに代っても、いっこうに不自由を感じないことでもよくわかる。これも沖縄のサンのなれの果てだったのではなかろうか。

沖縄の人たちの呼ぶ大和という、私たちの方にも、サンに近いものはないことではないのである。「南天」の項でも、鳥取の中山町（現・大山町）塩津で贈物に添えるにナンテンとイリボシを半紙に細く折りたたんだもので、一つにしばっていく例があったであろう。しかし、二つあるものをまとめるために結ぶのではなさそうで、ナンテン一種の時でもそれをする。

塩津で明治四十一年生れの高見くめさんに願って型をやってもらえばこんなである。

半紙を六、七センチ幅に切ったものを四つ折にして、中ほどで一つ結びにし、その結び目にナンテンを挿している。米・餅などを贈るのに添える。凶事でも吉事でも同じだという。

南の溝口町（現・伯耆町《ほうきちょう》）二部《にぶ》では公民館長の渡辺谿《とおる》さんに宿をいただき、福島の部落の細田信秋さん（明治四十年生れ）を招んでいただいた。その細田さんのいうのは

「祝いごとに品物に添えて、ヒイゴ（飛魚）の羽根とナンテンを、紙を細折りしたのを一つに結んだところにさす、結び目の上に鍋墨を指で一つつける」

むしろ、折紙を結んだところに挿すことになるのだ。

鳥取や島根にかけては、「結び魚《ざかな》」と面白い名前で呼ぶ紙結びが見られる。中折紙（奉書紙）を細折りして結ぶもので、結ぶというよりは、折ってたたみこんで結びとなすのだが、これにはいく

つかの形がある。簡単なものでは、三辺を直角になるよう折り目を真中に持って来、両端逆にして安定させる付け文のような形であり、またちょうど一つ結びなので、三方に角が出たような形にするのも、さらに、二本を組み合わせて、ねじりこんにゃくのさまにしたものもある。アコ見などと称する産見舞に祝の品の上にのせて行くもので、その家では、もらっただけの「結び魚」を勝手の柱とか、部屋の戸口上などにずらっと貼っておく。いつまでも煤ぼれるまでもそのままにしておいた。こんなに人目につくところにとどめおかれるのでは、よりよい形に織り上げようと務められもするはず、凝った水引の装飾性とも異なるが、これはこれで紙結びの技を心したものと思われる。

でもこうした立派な折紙もまた水引も本来は沖縄のサンのような一つ結びだったのではなかろうか。岐阜県板取村《いたどり》（現・関市）上ヶ瀬のこめさんによると、人が死んで七日までの間に、ゝゝ、さむし見舞といって縁者はぼた餅などを搗《つ》いて行く。その時重箱の餅の上に杉葉を添え、蓋の上にはかんじん縒《よ》りを一つ結びにしたのをのせて行った。

つまらない
ものですが

# つまらないものですが

人に物を贈る時には、それがどんなに素晴らしい物でも「つまらないものですが」、「粗末な品ですが」と口上をいうのが、古来、日本人の贈物に関するマナーであった。

それが戦後、欧米人並みの率直、素直な目で滑稽な行きすぎた卑下と受け取られ、嘲笑をもってかくいわれるようになる。「人に物を贈るのに〝つまらないものですが〟はなんたることか、そんなつまらないものならやらなければいいではないか」

私などもこうした人たちの尻馬に乗った者である。一時流行のエチケットの本でだったか、なんだったかでこの意見にあうや、たちまちに賛同し、人に物を贈る時は「これはいいものです」、「とてもおいしいものです」と、声に力までこめて吹聴してまわった。

だが、これは、そんなに馬鹿にしていいものではないのだった。「つまらないものですが」は、

必要があって言わずにはすまされないものであった。

　贈物は多くは食品、御馳走になるのだが、これらにはまものが取り付きやすかった。そのまもの、沖縄などでいうモノをよけるために人々は贈物の上に、彼等を祓う力ありと見られた唐辛子をのせ、南天をのせ、生臭や、邪悪な眼光をからめ取るような結びをのせた。けれどもこれでもまだ心配だった。向こうだってそうやすやすとは離れるものでもないであろう。贈物が相手の手に渡る際に聞こえてくるのが「つまらないものですが」、「粗末なものですが」である。「なあんだ」である。そんなつまらないものには用がないのである。つまりは言葉の上覆いというものだ。

　これが私のように「素晴らしいものです」、「これおいしいものです」と触れるならどうなるか。眠った子を起すの道理、通り過ぎようとしたモノまで引きよせ、振り返らせ、蝿が御飯にたかるようにモノにまみれることになる。そのモノがついたままの品を相手方に渡すということは、最大の無礼・無作法であった。作法というよりは、病気もなにも悪いことはみな家や口中に入りこんだ邪悪なモノによって起ると見ていた人たちの間では、ほとんど命がけの規則であったろう。

　ところで、このトリックは幼い子どもに対しても行われる。昭和五十二年に旅した奄美大島で私はそんな場面にあった。島の西南部の宇検村《うけんそん》宇目ということころで、うとみさんというおばあさんに話を聞いていたところに、近所のおばあさんが、孫か曾孫か、他所から泊まりに来ているらしいよちよち歩きの男の子を追いかけるようにして現れた。その子を見てうとみさんの発したことば

「はげー　はごーさんくゎっくゎや」（まあ、憎たらしい子っこだよ）

島のことばは私にはなかなか理解出来なかったのだが「はごさん」とか「はぐさん」というのは、魚を盗んで行った猫に対して「はごーさん猫《まや》っぐゎ」などといわれているのを聞いたからわかっていた。いわゆる「はがゆい」のことなのだろう。可愛い坊やが何か悪いことをしたのかと私はきょろきょろしたが、そんなことはなく、おばあさん二人は目を細めて美しい見物を楽しんでいる。

島では子どもを賞めることをしない。丸々と太って可愛いければ可愛い子ほどにこれは厳重である。そしていう。

「あっけー、くん子《くわ》っぐわのはごーさん」（まあこの子の憎らしさ）

「やんかー童産《わらびな》っちゃんや」（汚い子を産んだもんだね）

「はげー稀なるはごーさん子《くわ》や」（まあ、稀に見る憎らしい子だね）

つまりは、反対にいう。そうでないと子どもに災が及ぶ。後生《ぐそう》ん人《ちゅ》からシーを取られるという。シーは他でいえばセイで精でもあり、生でもあるようだが、もとは一つことばなのだろう。

そんなことで、島では次の諺も生きているのである。

「秀《すぐ》りとう童《わらび》の至《いちゃり》ぎさしゃ　作物《ちくい》の至《いちゃり》と賞めゆるむのあらんね」（秀れた子どもと、作物の出来の良いのとは賞めるものではない）

この風はごく近年までは頑なに守られていて、他所から来た不案内な人間が、子どもをそのままに賞めたりすると、本気になって腹を立てる年寄もいたそうだ。けれども当今は、島内でさえも「はごーさん」をいうと、気分を害する若い母親がいる。それだから、うとみさんは相手がそういう世代の時には、

「可愛いね」と大和ことば（標準語）を使うようにしているのだと節を曲げる表情をして結んだ。

自分の子をさして「豚児」というのがある。多く文字の上で使われるようであるけれど、書く方だって少し勇気を要するのではないかと思われる謙称である。果たしてこれもただのへりくだりだったのだろうか。中身の自慢をかくして「つまらないものですが」を口にするの気持、つまり、子どもにも「粗品」ののし紙を貼りまわす心だったのではなかろうか。

# おといこい

夜になってから虫などが家の中に飛びこむのを極度に嫌がる風がある。

「夜の蜘蛛は親に似ていても殺せ」

の諺の流布するゆえんである。脚ばかりのような蜘蛛に「親に似た」もないものだが、これを忌み怖れ、戦々恐々としている精神風景はよくうかがえる。蜘蛛は他の虫類とは姿形一風変り、しかも夜行性であるために、しばしば夜籠り中の人間の鼻先にも、これまた特異な綱梯子を伝って降りて来て、双方ともに望まない軋轢なども生じるのである。

とはいうものの、蜘蛛そのものが嫌われるのかと思えばそうではない。「朝の蜘蛛は吉」とて、がらり評価が変って縁起がいいと喜ばれるのだから、それははっきりしている。問題は一つ、「夜」にあるのである。

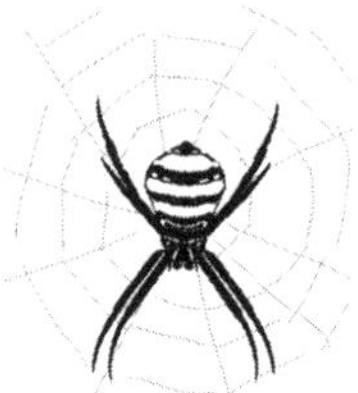

奄美地方や沖縄では夜入った虫も殺すことはしない。これらの多くはガータ（バッタ）の類らしいのだが、殺さずにヒゲ（触角）とか尻尾をちょっと火に焼いて、

うっていこい（おとといこい）

といって放り出す。

なぜ火に焼くかといえば面白いことをいってこれらは後生《ぐそう》（あの世）から火を取りに来る。それだから「火ー持たすん（火ーやるよ）」などといって火をつけかける。また、「こまや火はねんど、あま行け（ここには火はないよ、あっちに行け）」などとの断りをいって放り投げる。

名護市久志《くし》や汀間《ていま》では、それで灯に来るガータ（バッタ）をピートイガータ（火ー取りガータ）と呼ぶほどである。やはりひじ（ひげ）焼いて

うってい（おととい）来《く》ーよ

といって放り投げる。

灯に来たのに火とはおかしいように思われるかも知れないが、もと灯も肥松《まつ》を燃しての同じ、

「火」であった。そしてマッチが自由に使えるようになるまでは、火種を囲っておくことをし、それの用意のない家では毎日でも火をもらいに歩いた。これがたいてい子どもの役目で、沖縄でのことなら、煙草盆を抱えて、煙の上っている家などを目当てに、「火ーいら（火ーおくれ）」などといって行く。話は横道にそれるが、子どもが火もらいの使い走りをさせられたことは大和の地方も共通らしく、子どもの指遊びにうたわれる「火ーくれ火くれ」の唄は国中にある。

それはさておき、そんな火もらいの子どもたちと同様に、夜飛び込むガータもあの世からのお使いで来ているというのである。それだから、火を持たせての後投げやるのにこんなにいう人もいる。

「汝《や》ー使《ちか》たる主《うす》ーな行け（お前を使わした主人のとこ帰れ）」（南城市大里大城）

「父母《すうあんま》　傍《はた》んか行け（父さん母さんの元へ帰れ）」（うるま市与那城西原）

でも、体の一部を焼いたのが、火をくれてやる親切から出たものでないことはいうまでもなかろう。火を取りに来たというのは言い訳、こじつけであって、ほんとうのところは脅迫、制裁に及んでいるのだ。それは、「うっていこい（おとといこい）」のいいぐさから如実に知れる。

本来ならば、あの世から迷い入ったものなどは抹殺したかったのであろう。人々は、太陽の光に包まれる日中を生者の世界、半分の夜の間を死者の世界、あるいは魂の世界とはっきり二分して考えていたから、大袈裟にいえば二者の間は常に戦陣を組んでいるような緊張状態にあった。夜は滅多なことでは出歩かない。止むを得ぬ時には、さまざまなまよけを施し、ことに太陽の光と等しい力と見たらしい火の一片・燃え尻などを携える。そしてその火に守られるようにして家の中に籠った。

そこに敵側の斥候ともみられるさきがけが飛び込むものだから、飛び上って始末に及ぶのは無理のないところなのである。

しかし、ここでひげや尻尾を焼く罰を加えても、命まで取ろうとしない人々の振舞いも理解出来るような気がする。彼は一個々人ではない。沖縄の人々のいったように、彼は単なるお使いなのかも知れず、後ろには、人々が忌避してやまないところの邪悪なモノがいる。

尖兵のような彼をやっつけることは、すなわちあちら側の世界全体に剣を投げるに似てためらわれるのだ。

このためらいは、「おととい こい」のことばにもまさによく現れている。金輪際来ないでもらいたい相手だけれど、「来るな」といっては相手の悪感情がおそろしい。同じ否定の意味になることながら、「来い」と肯定の一語が入っただけで、相手には拒絶が半分ゆるめられたかの印象を与える。「二度と来るな」の呪文を吐かれながら、相手はなだめられているのである。

適切な例ではないけれど、幼い子相手にいたずらっ子たちは「大人しくしておれ、お菓子買うたら紙袋くれる」などとからかう。じっさいは貰えるものは何もないのだが、「紙袋くれる」のくい、れるのことばだけを頼りに幼い子はニコニコする。

「うっていこい」は奄美・沖縄方面のいい方、四国徳島の東祖谷山村《ひがしいややまそん》（現・三好市）や隣の一宇村《いちうそん》（現・つるぎ町）などでは

おとついこい

という。同村平でひで子さんは夜家に入った虫を放り出す時にもこういって放るというし、また白井のスギエさんなら虫類を殺して捨てる時にいうという。

このペテンのことばは一つ「おといこい」ばかりでなく次のようなのもある。「コタン生物記」（更科源蔵）によれば、ダニ（パラ・キ・平べったいシラミ）を掴まえると、殺さずに

「明日行って今日来い」（阿寒郡鶴居村、下雪裡《しもせつり》）

とか
「今日行って　昨日来い」（日高、平取玄場）
などといって投げるそうである。
最後にもう一つ、屋久島麦生ではサキノヨノムシと面白い名で呼ぶナナフシだけに

おととけ　おととけ

をいった。ナナフシは、これもすこぶる異形な虫で、節のある竹の枝のような棒状の身の一端に触角と長い脚をつけたばかりのような、はじめての人にはぎょっとさせられる虫である。これを見たら島では必ず殺すものとされていた。「さきよの虫がおっが打ち殺せ」などという。これを殺す際「おととけ」を唱えた。

夜の虫だから忌まれたのに対して、こちらはその形の異常さから所属をあちらの世界に見たのだろう。

# ハックション

東京近くで生れた私の弟の息子、今は成人しているのであるが、これが子どもの時分、クシャミをする時、

　アキショ

とするのがおかしかった。アキショは、私たちの出身の山形のハクションにあたることばなのである。弟のところは女房がまた同じ村出身、同級生ときているから、会話にも時々山形弁が飛び交う。アキショが、その子どもまで引き継がれているのが堪らなくおかしかったのである。

村では私たちは赤ん坊のうちから、うまくアキショが出来るように訓練を受ける。訓練は大袈裟で親たちはその気はないのだろうけれど、幼い子がクシャミをするたびに傍の大人が「アキシ

ヨ」を重ねていってやるのである。それもクシャミをやってからという悠長なものではない。子どもが不穏な表情に至り、口を開けると見る間に、傍の大人もそれに合わせて「あー」といいながら口を開けて待っており、劇的な息の噴出とともに「キショッ」と、充分な気迫もこめて叫んでやる。ちょっと見には、まだ未熟な息づかいを誘導しているかのような、のっぴきならない親たちの心配を感じるものだ。かくて、これを何度も繰り返される間には私たちは一人も残らず上手にアキショが出来るようになる。村ではハクションはもとよりクサメ、クシャミのことばも存在せず、あるのはアキショばかり、「アキショがでた」といい、「アキショばり（ばかり）してる」という。

このことはハクション地帯の人たちにとっても同様だろう。親たちのこの鋳型にはめる誘導がなければ、または親たちの行うハクションの見本がなければ決して出来る型ではなかった。英語の授業で欧米人は、クシャミを「チュー」というのだと習った。企まずして成り行きにまかせたら、たいていこんなチューとかまたはチョン、シュンなどの一撥音で終るのかも知れないのだ。それなのに人々はこの特殊な息づかいの中にことばを埋め込もうとしている。いったい何をいおうとしているのだろう。

ハクションの意味は何だろうかと考えることになったのは、ひとえに奄美諸島や沖縄方面のクシャミに出会ってからであった。奄美諸島には昭和五十二年、沖縄には翌五十三年に渡った。こちらではクシャミとはいわない。「鼻ひる」と古代の日本語と同じ動詞形を使うのだが、その鼻ひった時に唱えることばが、強烈にも

糞《くす》くれえ（糞くらえ）

である。やはり主たるは幼子にいってやるもので、鼻ひったら間髪を入れずにこの悪態に及ぶ。「糞くれえ」の他にも同じ意味で、「糞たっくゎーせ」（沖縄勝連村、現うるま市）、「大糞たっくえー」（今帰仁村《なきじんそん》）などともいうのである。奄美諸島の加計呂麻《かけろま》島諸鈍《しょどん》では「大糞《おほくそ》くれえ」、またこれを省略した「おほっくそ」もいわれる。子どもにいってやる他には自分でも鼻ひるに合わせてこれをいうのであり、息の噴出する山場にほの部分が来るから、おが聞えずに「ほくそ」とばかりに聞える。ほとんどハクションに近い音である。

当地の人たちは、子どもがクシャミをするのは、後生（あの世）からシー（精・生）を取りに来ているのだという。また、鼻ひった時には傍にまじむん（まもの）が寄っているのだという。それだ

から誰でも飛びしさるような、比類なき強烈な罵詈《ばり》を浴びせて追っ払うのである。

少し前まで人々は病気もなにもかも、悪いことはみなまものの手でひき起されると見ていたものだから、一拍なりとも呼吸がとどこおった異常でも、何百分かの一の死の影のひそみ入るものと見て怖れを感じたものと見える。島では生れた子は破傷風などで生後六、七日で死ぬことが多かった。そうした子は死ぬ前にクシャミを多くする。五日間は鼻ひらすなともいった。死なないまでも、クシャミは風邪の前触れのようでもあり、これが大事をひき起すもとになるのを人々は経験で知ったことでもあったろう。

これでクシャミを起した時には、間をおかずに対応するのにこだわっている人々の気持も理解出来る。今まさに邪悪なものは、間近で仕掛けた糸を手繰り寄せているのであって、彼をめがけて手元にある物・枕であろうと、子の床の下に敷かせてある切れ物であろうと、もっと物騒なものでも何でも手当たり次第投げつけたいところなのである。じっさいにそれらは行動に移された時代もあったのだろう。それがいささか人間の方が優位に立ち、余裕が出来てくると、ことばのつぶてを投げるだけで大方の満足は得られるものとなる。

この最大の汚物をもってまものに対抗しようとしたのは南の人たちばかりではなく、アイヌも、子どもがエシナ（クシャミ）をした時には、やはり、糞くらえと同じ意味の「シエワアン」（静内）とか、「シーコンチコロ」（近文）などという。また青森県南郷村では、子どもがハクシェンすれば、

クソケ　クソケ

と叫んでやる。

赤子は生れてしばらくは親たちにかくまうようにして見守られている。それだからクシャミの折にも冒頭にいうような対応が可能だったのであるが、このクシャミの襲来は赤子に限らず、一人遊ぶようになっても、五つ、六つのあまされ盛りになっても変らない。一人でいる折にこの脅威にさらされたらと、親たちの限りがない案じようがあったであろう。

その点、鼻ひる動作と同時に「糞くらえ」もいってしまえたら難題解消である。小さい子どもでもある程度からは知らずに自分で自分のクシャミの始末が出来るというわけである。

伝統的な山形の「アキショ」が、都会に移り住んだ者の二世においてなお命運を保っていることからこの項は書き出したが、『新潮45』の当世女子大生告解禄というサブタイトルのついた（〝母は娘の鏡なり〟小沢章友）の中に面白い文を見つけた。

「年々私は母に似ているといわれる。たとえばくしゃみの仕方だ。ハックショーンの後にコンチクショウを加えるのが母のやり方で、運が悪いことに私にもその癖がうつってしまった」

# くわばら　くわばら

子どもの時、自然の中で食べたものはと問うと、ほとんどが一人も残さず桑の実をあげる。かつて養蚕していたからというのではないのだろう。それほどまでに村には、家には桑の木が多かった。どこの家にもある。養蚕に摘み取りやすいように、丈低く木を仕立てもするが、どれほど年を経ているのか、古木の桑が、通りの傍とか、畑の邪魔にならないところに立っている。

岩手の東海岸寄りの地方では、桑の木が近くにあるというのがきわめて好都合なことがあった。雷が鳴り出したら、飛んで行って桑の枝を取り、軒にさしたり、戸窓にさしたりする風があるからである。桑の木は雷をよけると信ぜられていて、それで家を建てる時にも、たとえ一部分にでも桑材を使うことにもなっている。だからトードコサマ（雷）が鳴って人が桑枝取りに走る時でも、「なーにささんでもいい、桑《か》の木《ぎ》で家建っておぐなだもの」などと横着に構える人もある。

桑の木をさすのは家ばかりでなく、野良で雷に会えば桑枝を手に持ち、また腰にさしたり、笠にはさんだりするのである。

じつはこれは北の地方にあるばかりではなく全国にあることだ。鳥取でもドロさん（雷）なった時は、屋根に鎌と共に桑材をさしているし、九州では広く家を作る時には桑木を棟木に打ちつけることをする。学校の子どもでも雷に会ったら桑枝を頭や傘にさしかけて帰った。熊本の錦町では雷が鳴った時は桑畑や麻《お》畑に入ればいいと教え、対馬の女たちでは家の周りに桑の木を植えていれば雷が落ちないとまでいう。

はじめはこのように家のまわりに桑の木を巡らせ、そうでなければ北の人たちが律儀に繰り返したように桑枝をさしまわし、また、じっさいに桑畑に逃げこんでひたすら空の暴君の目を逃れることを願ったのだろう。それがやや怖れが薄れると、たちまち人間横着になり、桑枝を求めに走り出すよりも、他の一方法、ことばの力に頼るようになる。もう少しあからさまにいえば舌先三寸で相手をペテンにかけるのである。曰く

くわばら

くわばら

文字通り桑原で、自分は桑畑にかしこまっているといっているのだろう。沖縄では、

桑木《くわーぎ》の下ど《しちゃ》（桑の木の下だぞ）

また、同じ意味で、

我《わ》ー上《うい》や　桑木《くわーぎ》ど

桑木《くわーぎ》の根《に》

とも与那城などではいうが、これも根元にいるということで違わない意味だろう。

さきほどはペテンだと、少し悪意のある見方をしたが、そのためだけに考え出されたのではなかったのかも知れない。新潟の上川村（現・阿賀町）九島で五十嵐かくよさんというおばあさんが、「雷なった時は桑の木の下さ入る」と教えたあとに「桑の木がない時には〝くわばらくわばら〟を唱

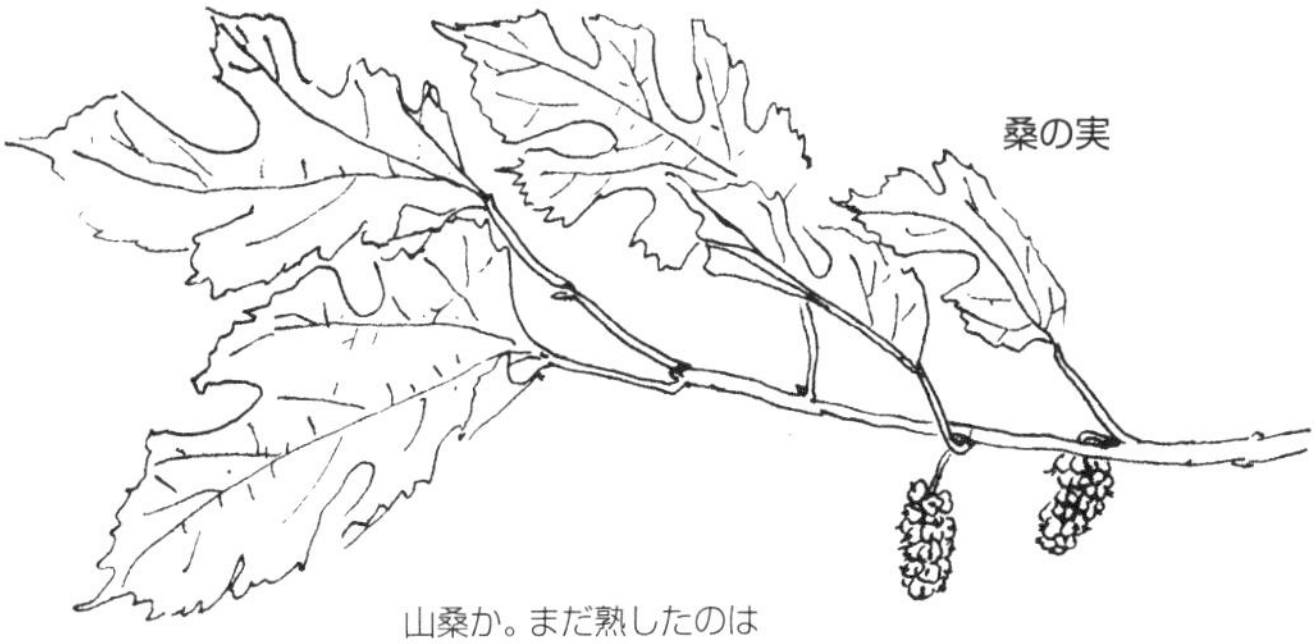


山桑か。まだ熟したのは
わずかで、酸っぱい。（防府市下谷田）

える」といった。応急処置で用いた苦肉の策だったかも知れないのだ。

「くわばら、くわばら」の呪文については幾つかの笑える俗説がある。「広辞苑」から一部うつしてみれば「雷神が誤って農家の井戸に落ちた時、農夫は蓋をして天に帰らせなかった。雷神は、自分は桑樹を嫌うから、桑原桑原と唱えるならば、再び落ちまいと答えたとの伝説に基づくという。また死して雷となったと伝えられる管公の領地桑原には古来落雷したことがないのに因むという」

だが、桑の木を嫌うのは雷さまだけではないのだから、これらはまったくあてにはならない。麻疹《はしか》の神さまなどもひどく桑木を嫌がるので、それで親たちは桑の木の一片を子どもの背中や腰に吊して麻疹《はしか》がうつらないようにしているのである。これは麻疹《はしか》ばかりでなく風邪などの流行り病、百日咳などでも同じだ。また中風をよけるなどとして、桑木の箸や椀、杓子などが今に活躍することも人の知るところであろう。

桑の木は雷ばかりでなく、来て欲しくないものらを一様に退ける力があるのだ。だが、「地震、雷、火事、おやじ」というようなもので、地震（これにはまた別の呪がある）とともに雷がとりわけ人々を脅かし、痛めつけたが故に彼の専売特許のごとくなったのであろう。

# 犬《いん》の子、犬《いん》の子

幼児に対して唱えられる呪文の一つに

いんのこ　いんのこ

というのがある。夜間赤ん坊を外に連れ出す折、こんなことはなるべくならしないものだとされているのだが、寄った先から帰るのが日暮れにかかるとか、止むなく夜にかけて出掛けねばならない時がある。そんな場合に、これもまよけの火墨を額に塗ったりしながら右を唱えるのである。その理由を人々は「ようないものに会いませんように」(山口萩市)とか「悪いとに行き合いせんごと」(対馬深山)などという。少し儀礼化し、生後はじめて外に出す折にこれを行う例も大変多いのである。

この他に眠っている赤子が急に体をふるわせたり、ねぼけたようにして突然泣き出した時にも「いんのこ　いんのこ」がいわれる。こういってやれば「またじいっとね入ったりする」と徳島の東祖谷山村《ひがしいややまそん》で大正四年生れのぬいのさんがいっていた。

ねている子どもを抱き上げる時などにもこれをいうという長崎生月島《いきつきじま》の例などもある。こうした折にはよく子どもが体をびくつかせるもので、それを心配しているらしい。奄美諸島の徳之島下久志では、風邪をひきそうなそぶりの見えた時にも

犬《いん》の子《くわ》よー

というのだと聞いた。それで風邪をひかずにすむという。

大事に大事に守っている子を「犬」とはなにごとか、他の多くの場合同様これにも裏があるのではといわれるかも知れないが、これだけはそのまま、正真正銘の「犬《いぬ》の子」なのであるらしい。犬は産育の場合では大活躍する。妊婦が巻く腹帯は戌《いぬ》の日につけそめる。これを縫ったり贈ったりするのさえ戌の日を選ぶなどとこだわるのである。生れた赤ん坊は、はじめての外出には額に「犬」の字を描き、「雪隠《せっちん》まいり」という便所に連れて行く儀式には、犬がそうするように汚物

を食べさせる真似までする。はじめて着せる着物は、子に着せる前に犬の体に打ちかけ、赤子の枕元には犬の張子を据える。

こうした風習を人々は、犬は産が軽いから、また犬の子はみなみな無事に育つから、それにあやかるのだと説明する。

それもあるのだろう。しかし本来はもっと直裁に犬に紛らかす、犬そのものに変えてしまおうという企みらしい。

犬の子は、麻疹《はしか》にかかることもないし、風邪っぴきになる様子もない。生れただけの八つでも九つでも、人間に踏みつぶされでもしない限りはみな丈夫に育つ。ということは疫病神は犬を問題にしていないということだ。たまたま通りがかりに蹴っ飛ばしたとしても目もくれないのである。人が守り続ける人の子だからこそ疫病神やまもの（おそらく二つは同じものだ）が狙いの目を向けるのである。特別危険な場合だけでも、一時犬の子に変えてしまったら、どれほど親たちは気が休められたろう。

ここに犬の子が持ち出されたのは、何とも誂え向きのことであった。犬は人の身近にいて、行ったり来たり、その居住区も入り混じった状態、ころころ太って転げまわる犬の子には、赤子を例えるにも他の生き物類にははるかに勝り、抱いた加減などはごく程がよい。それに犬が丈夫で育つから、あやかるという先刻来のいいわけも、ここにならうまく納まるのである。だがとうぜんのこと、絶対にこだわるというのではないのであって、本質では犬でも猫でもかまわないのである。岩手の海寄りの地、釜石市唐丹《とうに》にはその猫が現れる。

犬《いぬ》コんなれ

猫コになれ

猫はでてこないものの、同じ唐丹ではもう一種の呪文の系統があり、こうである。

外方《とがた》さ出はったら　犬コになれ

家《え》さ入ったら　人コになれ

まものの手前、一時姿を変えるのであって、それが、そのままとなってはと、つい心配をしてしまうのだ。当地では生れて百日位までの子にやることで、「夕方かけて夜出るたんび」に、鍋墨をつけながらに唱えてやる。思った以上に近年まであった習いで昭和五十五年の採集時に、五十代の婦人も話してくれたことだった。

どうして犬の子に紛れさせてまで親は躍起に子を守らねばならなかったかというと、子どもが容易に死んだからである。今私の生れた村をちょっと思い出してみても、家の隣で、いちばんの遊び友達であった同年のNさんの家では、育った姉弟は五人だが、それと同じぐらい、死んでいる。生れて間なしに死ぬのがほとんどで、こうしたのはただひっそりと姉たちだけが見送り埋けてくる。私もその父親から「送ってけろな」と頼まれて一、二度加わったことがある。父親手製のそうめん箱ほどの小さな木箱に納め、二つ、三つの菓子包みを添え、その菓子の幾つかを私たちも相伴して墓までついて行く。

いや、隣家の例をまつまでもない。当方の家にしてからがそうだった。私には姉が四人いる。それで自分は五女とばかり思っていたら、戸籍謄本を取り寄せてみたら七女になっていた。二人死んでいるのである。

こうした不幸がなく、七人、十人みなみな育ったとしても、流行性悪病などが流行《はや》れば、何人もの子ががらがらと死ぬのである。

犬にかえ、猫にかえ、時には豚の仔だろうと、蟹コや蛙（東北で子どもをいう）にもかえる。彼等のなりふり構わぬさまを、人は笑う気がしないはずである。

昭和五十二年に訪れた奄美諸島の徳之島で奇態に思いながら聞いた一つのことも、忘れられないでいる。池間の部落で六十代の武田さんの語ってくれたことである。

こちらでは、赤ん坊の生後五、六ヶ月まで夜間外に出る時は、木綿を縒《よ》ったものに火をつけて振りながら歩く。里に帰った時に武田さんの母親がよくこうして持たしてくれたそうだが、この際、子どもには

犬《いん》の子《くわ》　犬《いん》の子《くわ》

と唱え、そして普段子を持つように横抱きではなく、縦に抱くというのであった。

これも、犬に紛らすための、細かすぎるほどの芸当、策略の一つだったのである。

# 紅

# 紅

夏の花・ホウセンカはよくあちこちの庭先などで見る。花の終った後につく毛羽立った球がバネ仕掛のようにはぜて種を飛ばすものだから、知らずに何年も同じ場所に姿を見せるのだろう。子どもたちは自然の中に沢山の遊び相手を蔵していたが、ホウセンカもひときわ主立つ一つだった。この赤い花、また茎葉をつぶして塩とかミョウバンなどと混ぜ、手指の爪を紅に染めるのである。

短い時間では濃く染まらない。それで爪に押し当ててしばって一晩眠るとかするのだが、またせっかちな子どもはその場で爪に押し当て押し当て、つぶして玉のようになったのを指先にもてあそびながら仕事をすることもある。こんな時には色よく染まることを念じて、また自分の根気を促す意味もあって

紅《べん》じょ紅《べん》じょ　染まらっしゃれ
赤紅のごて　染まらっしゃれ　（五島三井楽町、現・五島市）

染まれ　染まれ　蟹《がん》の爪より　よう染まれ
（五島新魚目町、現・新上五島町）

などの可愛らしい唄を繰り返す。

ホウセンカに対して各地にあるツマグレの名前は「爪紅《くれない》」という。子どもの命名とも思えぬ律儀な一名であるらしい。

この遊びの殊に盛んな九州方面をまわる間に、爪染が単なる遊びではなさそうだとだんだん教えられた。普段は大してやらないところでも旧暦六月十五日のお祇園には是非なくすることで、村中の子が集まって足の爪まで染めたとか、ところによっては夏越や盆に遊んだ。それで、親たちは「盆どんのツバネ（ホウセンカ）」といって草を仕立てていたなどと聞く。

そしてその因縁のもとらしい答は次にあった。甑島《こしきじま》や五島では、大人の女も爪を染めたという

正倉院の「鳥毛立女屏風」(とりげりつじょのびょうぶ)に描かれた女性の顔。

こどもの額に紅でまよけの「犬」の字。

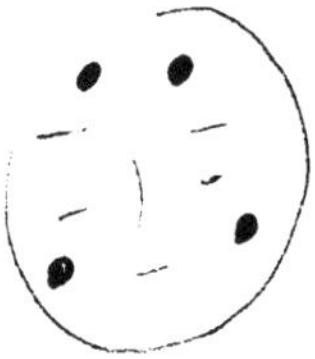

七夜、男女ともにおしろいをつけ、額と頬に紅をつける。宮参りにも、同様にする。(岐阜県美濃市谷戸)

のである。爪を染めていれば蛇よけになり蝮《まむし》にかまれんというのが理由だ。それだからツワブキを採りに山に行く時にはお婆さんも手足の爪を染めたし、幼い子には眠っている間に染めておいてやった。

これを聞いたら誰だって即座に女性のマニキュア・ペディキュアに想いを馳せるはずだ。それればかりではない、唇などに置く紅も連れとなって起ち上がって来る。

生れたばかりの子にも紅をつける習いがあった。生れてしばらくの間は誰の目からも隠すようにして家の中にとどめ置くのだが、それからはじめて外に出す時、また七夜の祝の折に子の額に火墨を塗るか、紅を塗るかする。紅の場合は、墨と同じに一点だったり、×や犬字だったりする他に、額に二つ、また両の頬っぺたに一つずつというようなつけ方もなされるのである。

思えば私たちは生れた時から赤色の庇護を受けているのだった。生後はじめて着る初着《うぶ》である。これを赤布でもってするというのは、それこそ国中である。それぞれの染色料によって「花染」とか「花木綿」・「紅木綿」・「茜染」などと称されて男女ともに用意される。「赤子には赤着物《ぎもん》着すい品だ」といわれ、「赤着物はまはらいだ」といわれる。まよけと、そうあからさまにいわないまでも「疳《かん》の虫が起きない」とか「黄疸にならない」、「蚤が食わん」、「火傷《やけど》せん」などの守らずにいられないような理由をつけてなにがなんでも生れ子のために整えるのである。

秩父のうぶぎ

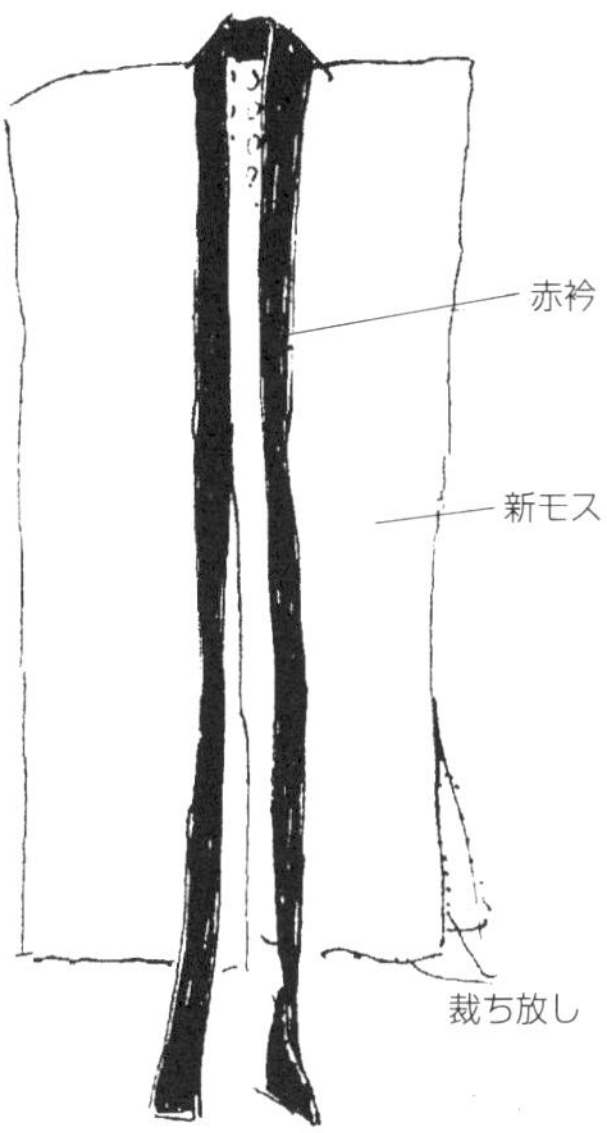


仕立ては早川町のと同じ。幅 34 ㎝、丈 60 ㎝。
三日のせっちんまいりに着せる。（井上茜さん作）

　このように紅花や茜など天然資材で染め出す赤布は、大変高価で入手も困難であったのだが、さりとて親たちはこれを諦めることが出来ない。着物一つが無理だといえば、いちばんに目につく衿《えり》だけにまた肩だけに赤布を継ぐ。それでも出来なければ、背中に赤い小布を縫いつけ、それともまた、赤糸でもって、運針のような縫い目を走らせ、その糸端をわざと房に残して目立つ策を講じるまでする。

いや、子どもは生れ出てはじめて赤色に守られるというのは正確ではなく、じつは母親の胎内にいるうちから腹帯という形ではじまっているのだった。この腹帯にも花木綿を、茜染めをと沙汰するところは多く、帯全体を赤にすることが不如意なら、一部分だけ赤にし、または赤布を添える。さらにこれをしない折は帯の端に、指先に溶いた紅一点を画する土地さえもあるのである。

どれもこれも命定まらない幼児へのおぼつかなさがなさしめた親の警戒からのあらわれである。だから初期のもっとも危険な時期を過ぎ、大人たちばかりか、道端の車前草《おおばこ》からまで嫌われる悪童にいたれば、赤色の呪などからはまるで縁遠くなるのだ。

平生の時はそれでいい。しかし、ひとたび病気が起って同じような命の危険になど出会うなら、たちまちまた以前の守り態勢に舞い戻るのである。中でわけても深刻な麻疹《はしか》・疱瘡《ほうそう》となったら、幼児の折の再現というだけではことばが不足だろう。親たちの赤色への帰依は極度に激しくなり、赤幣《あかへい》を切って家戸口に吊し、また屋根の棟に突き立て、内にあっては棚を作って赤紙を垂らし、赤幣を立て、子どもには赤着物というのも都合がつかないのだろう、たいていは赤布を手拭として頭にかぶせ、赤いだるまを玩具にさせ、この特別の用途に合わせて作られた赤絵の具に埋められた赤絵を子どもにもて遊ばさせる。

三重の鈴鹿市南畑でなどはこの時、紅染めの手拭をかぶせ、また、赤布に樟脳を包んだものを背中につけるのだ。こうすれば「よう出て軽う上《あが》る」という。

親が愁眉をひらき、快方のめどのたった十二日目ぐらいになると、子の禊《みそぎ》をし、これも赤色に縁ありと見られる小豆飯《あずきめし》を炊いてさん俵（米俵の両端に付けるわら製のふた）などにのせ、赤幣を立て、三方の辻などに大々的に送り出す。福井のあたりではさん俵に赤紙を敷き、それにアカメシ（小豆めし）と赤いだるまをのせて辻に送るのだが、疱瘡《ほうそう》の植える（接種）時期になると赤紙とだるまを店で売っていたそうである。

だるまの話があったからいうが、これも達磨大師と〝赤色〟とが綱引きをしたなら、一遍に〝赤色〟に凱歌が上るものと思う。ただ赤色をお守りとして身近に置くための工夫に形に達磨大師が合わされただけで、達磨大師の生れる前から起上り小坊師のような形であったかも知れないのである。

山国で育った私は玩具にする人形などを持ったことがなかった。ただし猿コと呼ぶ、両手両足を伸ばした形の、猿コとはいいながら、明らかに人形《がた》をしたものは一つばかりでなく持っていた。たいていたっぷりと作ってあるので、おぶって遊ぶのにちょうどよかったのである。この猿コがきまって、練絹《もみ》やら赤木綿で縫ってあった。これも赤い色を子どもの傍にくっつけて置くための、だるまと同じ発想のものだったのだろう。

冒頭にいう紅が、麻疹《はしか》・疱瘡《ほうそう》を含め、とくに病気の場面で親たちから頼られたこともある。熊本県五木村では子どもが熱のきつか時、ハナジョクと呼ぶ紅の入った盃から指先に溶かし、子どものみけんに横になすりつけ、またはこめかみにつけてやった。愛媛の海沿いの地にもこれがあるが、内海村では、ちょくの水にクレナイ（紅花）の花やサフランをつけて赤く色に出たのを子のオドリコにつけるをいい、また瀬戸町や津島町ではサフランの他はクレナイ（紅花）の花を同じように水につけたり煎じたりして赤くなった水を飲ませた。

サフランにしても紅花にしても薬効成分があるからとかいうのではなくて、問題はひたすらこれらが生み出す色にあるのだろう。

かくて人々の赤色に対する信仰はますますエスカレートする。

長崎県小浜町《おばま》（現・雲仙市）木指《きさし》では、子どものツリケ（ひきつけ）出したのにはコシュウヘンボ（赤トンボ）の黒焼したのを飲ます。コシュウは唐辛子のことで、色が似通っているからいうのだ。渥美半島田原町（現・田原市）西大浜ではアカトンボの名だが、トクノさんの語ってくれるのに、こちらでアカトンボが疳《かん》の薬である。群れて飛ぶ類《たぐい》とは違って色の真赤なやつ、あまり多くなく、「なかなかとらまえられん」とのことだ。

赤トンボ信仰は北にも伸びていて山形酒田市出身の岡崎さんからも聞いている。ここでは焼いて粉にし、咳どめにする。子どもの時、弟や妹が咳をすると、よく「どんぼしぇめで（つかまえて）来い」といわれた。これは群れて飛ぶアキアカネのことだろうか。大根の葉裏にとまっていて、いくらでもつかまえられた。

茨城や福島では赤蛙が、子どもの「ムシの薬」また、「疳のムシの薬」になるといって焼いて食わせる。宮城の鳴子町鬼首のあたりでも、食べるビッキ（蛙）は赤ビッキだけだった。

赤い色を身につけているために難に会うのは赤犬どもである。犬の肉はささやかな蛙などと違って大人が目をつけるらしく、どこでも「冷え性が治る」などというのである。以前はどの犬も食いぶちになることがあったらしく、その場合の好まれる順序も出来ている。茨城県大子町《だいごまち》外大

野でのいい方、順序は

一白、二赤、三斑、四黒、よくよくなければムクでよい

栃木の葛生町《くずうまち》（現・佐野市）のように赤犬が断然薬になるといわれて「一赤、二黒」とランク付けするところもある。

これについては少しおかしい話がある。

私の義兄の一家は戦争中、東京から福島県いわき市に疎開した。父親は戦地にいたので母親と、少年の彼と幼い二人の妹とである。当時、彼はアカと名付けた犬を一匹飼っていた。それをどうしてもすてて行くことが出来ない。いろいろ考えて食料や水も仕込んで家具と一緒に貨車の便で送ることにした。

さて、一家が一足遅れておじの家に着いてみると、荷物はみな無事に届いているのにアカの姿が見当らない。そのおじさんは親しい付き合いしている人ではなかった。少年は遠慮からしばらくは我慢したが、とうとうたまらず「おじさんアカは？」と尋ねた。

「はらの町さ行った」

というのがおじさんの答である。いわきと同じ常磐線上に、原町《はらの》という駅がある。義兄はどうして犬が原町に行ったのだろうとわけがわからなかったそうである。ところがよくよく聞くに原の町ではなくて「腹の街」だった。このあたりも赤犬は薬の信仰根強いところである。荷物の中から現れた薬に？　それとも御馳走に？　近所の人たちと寄り集って食ってしまったのだという。

この話をする時、今でも義兄は赤鬼の形相になる。

# 赤飯

赤飯は目出度い時の食べ物だと思われがちであるけれど、葬式にこれを炊くところも多くある。ことに東北などでは珍しくなく、山形の私の生れた村なども人の死には赤飯と決っていた。野辺送りに出かける前にも「出たちの飯」を食べることで、それは白飯であったけれど、帰るまでには赤飯が出来ている。

先年まわった福島などもそうであった。南部の東白川郡鮫川村馬場では、葬式には隣ぽ班の人たちが暗いうちから仕度にかかる。寒い時だと米を砥ぐのも量が多いから大変である。中宿《なかやど》というものを二、三軒近所の家に構えて炊事し、会葬に集った人たちはそこで赤飯を食べて、読経のはじまる頃葬家に行く。野がえりの後も膳につき、ここでも三角に切った油揚に切昆布のおひらなどで赤飯を食べる。現在は、膳につくのを取り止めて赤飯の折詰を出すそうである。

隣の石川郡古殿町《ふるどのまち》鎌田で七十代後半ぐらいの男性もこんなにいっていた。

「前は香典は米一升と銭だった。銭は五銭、後になっては十円とか二十円とかになった。死んだ家ではこわめしをふかすので、自分のような年寄のいる家では、餅米の一俵、二俵は常に用意していた」

能登半島のあたりも同様なようで、氷見市《ひみし》中田で、きよ子さん（昭和二年生れ）は

「前は夜伽（通夜）に赤飯蒸いた。むすびにして二つ宛ぐらいつける」

といっていた。

赤飯の元をなす材料の一つの小豆にいわくのあることを教えられた最初は、熊本の阿蘇郡高森町の草部《くさかべ》という山の村であった。いい話し手も得られないまま、こちらだけ短い質問を繰り返したのであったが、土用に特別の行事があるかとの問に、一人のお婆さんがぼそり答えたのである。

「土用の入りに小豆三粒とニンニク呑む　腹患わんといって」

それほど小さくもない小豆粒を呑みこむのも驚くが、ニンニクはどうするのだろうと思うと、こちらは小さく刻んだのを飲むそうだ。これはもっと北の産山村産山でもまったく共通で「土用の入りに小豆三粒とニンニクの刻んだもの」を飲む。ここの東隣は大分県の久住高原に接してい

るのである。その久住町小路になると少し変化して、ニンニクが消え、「小豆三粒を焼酎で飲む」になった。

右の方面を歩いたのは昭和五十八年だった。そこからの帰りに寄った愛媛の海沿いの地・瀬戸町塩成では、もっとはっきり小豆がお守りにされていた。大久保さん（明治四十四年生れ）が説明してくれたところによると、こちらでは生れ子にオブギといって一つ身の晒の着物を着せる。その後ろ衿に、四角に縫った小さい袋に小豆三粒入れて縫いつけておいたという。オブギには前に紐がつけてあり、生れて当分の間、子を外に背負って出る時には子の頭からすっぽりかぶせるのである。

似たお守りは昭和五十五年の東北の旅でも聞いている。岩手県釜石市荒川で雲南さんというまだ五十代の人であったが、そのお守りをつけたことがあるといって

「六センチに四センチぐらいの縦長の袋縫い、小豆六、七粒とニンニク一かけら入れ、着物の衿下に縫いつける。風邪とか百日咳などはやった時に母親が縫ってくれた。家の入口には杉葉とニンニクを吊る」

入口のまよけの大立役者・ニンニクを吊るのも全国にあることだが、その戸口の守りに千葉県

我孫子市高野山では、小豆の一番どり（最初に収穫する分）をおさご包み（おひねりの状）にして吊っておいたと聞いた。

生れ子には小豆枕をさせるのがいいというのもことに南の方でなどよく聞くことである。米ならまだしも、小豆では赤子の頭に粗かろうと思うが、そこは親たちも承知していて、傍に置くだけだったり、形だけあてさせたり、上にタオルをのせおいたりするのである。九州生月島《いきつきしま》（長崎県平戸市）や、佐賀の方では、三十日前後のひばれい（産床払い）や百日前後のももか（食いぞめ）に、その枕の小豆を使っておこわや、小豆飯を炊く。

小豆は稀に見る赤さである。ひと頃小豆の値段が異常に高騰し、〝赤いダイヤ〟などと騒がれた。高価さ加減をいったのだろうけれど、宝石にたとえられたのもその赤の色の鮮やかさによろう。

昔は赤い色を得るのは容易でなかった。布を染めるにも紅花を使っても茜を使っても山桃を使っても桜色になれば上等としていた頃、この小豆の色は畑で育てて得られる奇跡のような赤色であったろう。しかもこれは自分が赤いだけでなく、周りの物にまで色を広げ移す性質を持っていた。ただの豆御飯でなく〝赤飯〟とされるゆえんである。

それにしても小豆飯、赤飯は頻繁に炊かれた。病気がはやったといっては大急ぎで炊いて握り飯にして辻に送り、同じ年の者が死んだといっては小豆飯を炊き、毎月の一日、十五日にも必ず小豆飯にする家もある。普通の暮しの中で、それがどれほど頻繁だったか。「茨城の民俗十七号」にある十王町《じゅうおうまち》（現・日立市）黒坂の例を述べる。

正月十八日　「十八日がゆ」、米・小豆洗った水は自分の家のまわりへすきまなく引くようにする。

正月二十四日　あたご神社の祭礼、赤い御飯

二月はつうま　赤飯・お稲荷さまに供える。

二月八日　疫病神の歩く日だとして赤飯をたく。門の入り口に疫病神よけといって目籠を出す。

八月一日（八朔《はっさく》）　赤飯をカヤの箸で神棚に供える。箸は後川に流す。

九月九日　赤飯

九月二十五日　氏神様の祭、赤飯

十一月二十五日　おびとき祝（七つ子の祝）　赤飯

赤飯を炊く日が多かったということは、すなわちまよけの行をする日が多かったということであろう。

# 赤い魚

私の生れたのは山形の内陸部、交通不便な山の村で、魚といったら塩引き（鮭）ぐらいしかなかった。少し後になったらカド（鰊）やらニシン（身欠ニシン）やら塩ホッケやら結構食べたことも覚えているのだが、幼い頃の想い出の中にあるのは赤い魚の姿一つしかない。小さい者らは塩引きを「赤い魚」と呼んだのだった。その赤い魚もただ身をさいて食べるのではない。砕いて御飯に混ぜるのである。

祖母は私の幼い頃に長命で死んでいるが、晩年まで上座に座って晩酌を嗜んだ。その肴にたまに赤い魚がつくと、これもたまに孫の方に皿が廻ってくる。その小さくなっている切身を母親は、私の直ぐ上の兄と二人に分け、そして私には（時には兄にも）身を口中で噛んでソボロのようにして御飯に混ぜてくれる。御飯は紅色になり、これが素晴しくうまい。以前の塩引きは炙《あぶ》ると塩が浮き出すようにしょっぱかった。小さい者ではそれを加減して食べることも知らず、一口で稀なる得物の魚端は消えてしまうかも知れない。ところがこうしてもらえば茶碗一杯分に広がり、程よい塩加減で食欲は増し、通して椀内を占める紅の色に酔ったようになりながら食事を終えることが出来るのだった。私たちはこれを「赤い飯《まま》」と呼んだ。

　いささか年齢が上り、母親のニャンニャンでもない年頃になっても私はあの完璧な鮭飯のうまさが忘れられず、何度か自分でやってみたことがある。ところがこれが予想外れもいいところで別物のようにうまくない。つくづく分析するに、自分でやる時には魚を口に入れた途端に唾が湧いて噛んでいる魚身はどろどろになる。混ぜた御飯は張りがなく少し気持悪い。水っぽくするのがいけないのだということが察せられて、次回には汁をすっかり飲んでしまってパサパサしたソボロにして混ぜて、これぞ母親のニャンニャン飯の感触だとひと口、口に入れて落胆する。味はもちろん塩気もないのである。母親はさもしく唾など出さなかったのだ。歯はただ物を砕く道具の用としてばかり使っているのだった。

　正月には大っぴらに塩引きの振舞を受けた。正月に餅を食べるように、なにがなんでもこの魚がつく。しかも家族中誰にも大きな切身が一枚ずつつくものだから、子どもなどはなかなか食べきれず、七日までも楽しめる。当時は一人ずつ膳をもらっていて、それの管理は各自が行っていた。

「赤い魚」と呼ぶくらいで、これの身の素敵に赤いことは充分承知していたが、これほどの赤さであるとは、あるところで出合うまで考えなかった。昭和五十六年冬には新潟県の山古志村（現・長岡市）という豪雪地帯を歩いた。わけてもその年は年寄の人たちをも驚かせた稀な大雪の年で、三月だというのに家の姿を見分けるのも難儀なほど、なお降り続く雪の下に閉じこめられていた。話し手を得るのもままならないまま道上に見えて来た家に飛びこむ。堂々とした造りの家で玄関を入ったらまた玄関がある。この辺では出入口にかかる雪をよけて、冬だけ何米かの屋根つき玄関を設けているが、それをそっくり半永久的に家の一部に

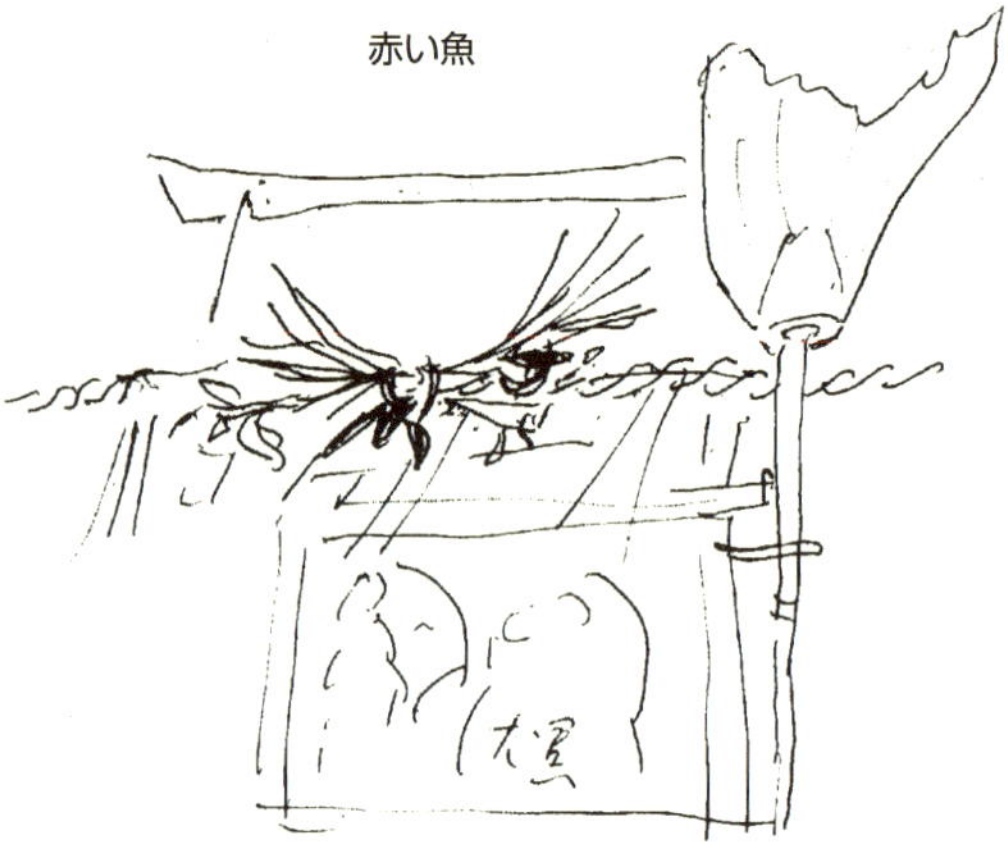

新潟県山古志村の五十嵐誠志さん宅に祭られていた恵比寿さま。

作りつけにしたらしい。その二つ目の玄関上にはまだ正月の標縄が張ったままにしてあり、その上に赤い唐辛子がついているのなどが珍しい。

当主の五十嵐誠志さん（明治四十年生れ）にそんな標縄のことから正月行事などをうかがった。その間中、表座敷の立派な構えの神棚がちらちら望まれ、そして全体煤ぼれて黒々とした中に一点、鮮やかな赤いものだけが浮び上っていた。

ああ、赤旗を上げる風がこの辺にもあるのだと最初は思った。というのは、これより一年前に歩いた三陸海岸では神棚や、神社境内などの小さな祠によく赤旗が供えてあったからである。家の神棚にハンカチほどの赤布をしばりつけるし、祠には小さな杭を立ててそれに細長い赤布を何枚もしばっていたりする。

それでもっとよく見たいと、「拝ませてもらいたい」との断わりをいって寄ってみたら、思ってもみないことにそれは鮭の切身であった。よほど大振な鮭だったのだろう。乾いてなお十五センチもあるようなそれを、背の肉厚なところを上に竹串にさし、赤身を正面にまさに鋒につけた幡の、無風に姿を垂らしたさまにしてあるのだった。

うかがえば当地でも正月に鮭を食べる。その際一《いち》のひれといって頭の直ぐ下の部分一切れを串ざしにして大神宮さまに上げるのだという。また尾っぽはやはり串につきさして恵比須さまに供える。その恵比須棚は居間の台所に通じる側の柱の上にまつってあって堂々たる尻っぽが、逆立ちの形に真上向けて立てられていた。両方とも一年中このまま供えておくとのことであった。

それで思い出したが、これより三日前に通ったここの北の栃尾市（現・長岡市）新山という山の村でもこの習のあることは聞き及んでいたのだった。林ヤスさんの家では、一《いち》のひれを串にさし、さらにその上に尻っぽを逆立にさして大神宮さまのところに立てる。その奇抜な供え物の姿を想像して愉快になったのだったが、まさか、切り身の赤が正面向いて、こんな風に人と対面しようとは考えもしなかった。

正月に鮭を食べる土地は広い。改まって尋ねることはしていないが、話題が昔の食生活の貧しさに及ぶと誰もが苦笑して、「正月に塩鮭食うぐらい」というからである。正月の鮭を「年取りの鮭」と呼ぶところも方々にある。

そんなに鮭という魚は赤かったたかしらと首をかしげる向きもあるかも知れない。しかし、すくなくとも昔の鮭は赤かった。あれだけ塩をきつくするのだから身が締りもするのだろうし、それに日をかけて半ば風干しのようなこともするようだったから、その間に身も色も凝縮したごとくになったのだろう。
それだから、栃尾市周辺の子どももうたった。

正月てもんな　えゝもんだ
雪のような　まんま食うて
紅《べん》のような　魚《とと》食うて
モチのような　納豆食うて

そうだ、昔のは紅鮭の類なのであった。

# 鯛

鯛こそは各種祝の膳の中に、折詰の中に他を押しのけてでんと居座っているものだから、これの赤魚なることは誰にも説明の要はない。真鯛は生では赤魚ともいえず、焼いたり煮たり、火を入れてはじめていい赤になるようだが、これの仲間には今の今まで赤い染液に浸しおいたようなアコウダイやキンメダイもいる。それに小型の鯛では生のうちから立派に赤色を呈しているのもいるようである。私は正月に、十センチばかりの桜貝のような美しい鯛を二匹、腹側をつけ合わせる形にして戸口の標縄《しめなわ》に下げられているのを見たことがある。山口の萩市寄りの川上村（現・萩市）江舟の辺では、このように一対の鯛を吊るのである。海上の萩市大島では輪標《わじめ》に小鯛一つをつけて戸口や方々に飾るのだった。

正月には掛竿、またオーバンギなどと呼んで、戸口を入った土間に、または神棚の前に、高み

から棒を渡しそれにさまざまな縁起物を吊すことをする。昆布・スルメからはじまって赤大根、串柿、ダイダイ、扇子、銭の緒、果ては畑の作物、大根、ごぼうまでと賑わせるのであるが、赤魚も中心物。山国でなら、鮭・鱒が一匹のまま下げられ、海近い方では鯛が場所を占める。ことに鯛には「掛け鯛」との呼称も各地に出来ているほどだ。こうした折の鯛は長く置かれるものだから、たっぷり塩も押されている。

鹿児島の屋久島でカケノイオ（掛けの魚）にされるアカバラという赤い魚は、ずいぶん大きなものらしく楠川の川野さんは、それを説明して、「けたに渡した竿に吊すと、尻尾が床にすれるほど」といった。島の家々はそう棟が高いものではないけれど、桁に渡した竿からというところが凄い。

当地ではこの魚はソージノイオと呼ばれている。このソージノイオの名前にもいたく興味をひかれる。ソージとはいわゆる精進で、いってみれば慎しみお祓いをすることである。昔は精進潔斎が日頃よく行われていた。村単位でもやる地があって私の今いる秩父の部落にも「精進小屋」と呼ばれる物がなお建っている。「精進」といっても今の私たちには、ことばから受けるイメージが漠としているのであるけれど、しかし、「掃除」ならこれはお手のものであろう。まわりを清め汚れたものやゴミ・埃を払い出す。このソージ（掃除）と精進とは一つことばだと私は見ているのである。つまり赤魚の役目は箒《ほうき》で、塵・埃を掃き立てるように厄介なモノを追っ払うことにあるらしい。

まだ不信の色濃くしておられる方もあるであろう。鯛はしかし喜びの時に使われるではないか。めでたい祝の席に用いられるではないか。

そのとおりである。子どもが産まれた時、七・五・三、入学式・合格祝、成人式・婚姻、そして出産と、どれもがみな隠すにも隠せないほどの喜びの時だ。だが、人の幸福が妬ましくて我慢のならないまものにとっては、この折こそが最大の効果が狙える時であった。人々はそれを見越して、前もってさまざまのよけ事を施し、たとえやってきても、鏡に反射する光のごとく彼等をしてはね返す構えを整えておいた。この防御策を講じること、災が至る前にその災を潰し去ること、これがイワイ（齋い、祝い）の本来の趣旨である。

子どもが産まれた時には、どれほど孫子が大事なものか。無理をしても七夜や百日の食い初めに鯛を膳に飾る。鳥取の日南町阿毘縁《あびれ》といったら広島県との境、中国山地の村だが、こんな地でさえも百日のママクイには鯛を用意する。村に一軒魚屋があり、これが頼まれて一番近い海辺の安來から一晩途中に泊まって担いでくるものだったという。海傍の福井県小浜市谷田部では膳にアカモン据えるといい、それは鯛か、または頭が大きく身の細い赤魚グジであると。

膳に据えられただけの鯛と違って産婦のための鯛はより実質的だった。島根の益田から奥に入った柿ノ木村でなどは「産人《さんと》には鯛の汁食わすもん」といわれていて、団子を入れた鯛の味噌汁を一週間のあいだ毎日一回食わせる。山口県徳地町（現・山口市）川上でならこれが二十日ぐらいといっていた。これはまったくの漁師村の愛媛の津島町（現・宇和島市）横浦では、同じく大きな団子を入れた汁を九日から十二日ぐらいまで毎日毎食だった。

生れ子ほどでないけれど、産婦も命を落すことが多かった。日だちまでの間、厳重なる物忌が必要なもので、いささか常軌を逸したと思えるような頑迷な制限が課せられるのだが、中でも食事などはうるさく、焼塩に味噌漬ばかりで空腹を恨んだ人たちは多い。しかし、塩・味噌だけというのも危いものは一切近づけたくないとの極度の警戒から来る精進だったものと思われる。

鯛を日ごとに続けてもらったというのも、これはこれでまた産婦を守るための精進だったのだ。

# 海老

めでたい魚の筆頭は鯛であろうが、海老も次席ぐらいにはくる。この場合問題にされるのは伊勢海老だから、貫禄といい、重厚な赤色といい、見場《みば》では鯛に劣らないのである。正月の飾り物などにも巾を利かせていて、今は残念ながらプラスチックの模造品になったが、それでもなお標飾りなどの真中に場所を占めているのがおかしい。

愛媛の三崎半島で、この海老をオサンボエビと呼ぶのは、正月は三宝《さんぼう》に飾るからである。昔は伊勢海老が多くとれたらしい。魚の網にかかったのを外して来てそのまま茹でてよく食べたと海の傍の人たちは物語る。茹でれば真赤になる。そして、食べた後の殻を愛媛の宇和地方の村々などでは家の戸口に吊りおくのだった。宇和島市の南隣の津島町（現・宇和島市）大日堤という海の際の村で私は一度だけこれを目にしてもいる。木造の旧式の家の入口の柱の上に、立派な

ひげを貯えたまま頭を上に縦に取りつけてあった。ただどれほど前からあるものか、紅の色はほとんど残らず晒されてセルロイドの作り物のようにしてあった。

もちろん次々に海老の人手があった当時なら、その都度何度でも古い殻は新しい殻と役目を交替し、どこの家の戸口でも、あたかも松明か篝《かがり》を灯すごとく赤々と輝きを放っていた筈である。

伊勢海老の殻を吊るのは海近くの人たちばかりではない。紀伊半島の熊野川町(現・新宮市)請川《うけがわ》といったら、内陸部落深く分け入った山中の地であるが、このあたりでも海老殻を吊してある家があったと人々が話していた。ここは、海際の新宮から、熊野川沿いに舟運もあった地だからその故であろうか。

戸口に海老を吊る話は、他ではあまり多く聞かない。もちろん私のむらのある取材によるのだろうし、それに総じて戸口のお守りをこれら呪物に頼るという必要も早くに失せたのだろうと思われる。しかしながら、戸口にこそ出さないものの、海老殻を大事に、しまっている家なら多くあるのだった。子どもが麻疹《はしか》にかかった時にこれを煎じて飲ませるからである。手持ちのない家では、人に乞うてまでもこれをする。

右の習を耳にする地は広く、私の聞いたいちばん北は千葉の房総半島。このあたりから伊勢海老はとれはじめるのだろうか。それから伊豆の下田、三重、和歌山から四国・九州までである。この殻を煎じて飲ませれば、麻疹《はしか》が「早よ出る」などというのである。房総半島の白子町浜宿でハルさんは「いっぺんに出る」といったし、徳島県一宇村（現・美馬郡つるぎ町）白井でいせのさんは、「さあっと出て早ようなる」という。一宇村は東西南北、海からはいちばん遠い内陸の村で、こうした村にはどんな形で入ったのであろうか。すでに海老は殻だけになってもたらされたのだろうか。同じく習わしの残る、和歌山の本宮町（現・田辺市）発心門というところも熊野古道沿いの山を分けて行く山深い地だ。

九州は福岡の大島、佐賀の大和町（現・佐賀市）柚木などでも同じことを聞く。対馬の上県町《かみあがたまち》女連《うなつら》で大正七年生れの荒木さんは、「去年孫に海老殻煎じて飲ました（昭和五十八年訪問時）」といっていた。オサンボエビの名で呼ぶ瀬戸町（現・西宇和郡伊方町）塩成《しおなし》で大久保さんは

「昔は多くとれて生の殻を煎じたが、少なくなったので子どものある家では手に入った折に干して取っておく。熱追《お》いぢゃ」

といった。

麻疹《はしか》を鬼の襲来のように怖れる親たちが、炎で子のまわりを囲うみたいに赤い色を近寄せたの

は前の章で述べたが、その赤色のお祓いをいま一つ体内にまで押し進めようとしたのだ。

海老殻が子どもの病気にばかり効き目を現すのでないのだろう。海際の千葉県勝浦市浜行川、静岡県小笠町（現・菊川市）高橋原という山の村ではそれぞれに次のようにいっていた。

「傷作った時は海老殻（伊勢海老）煎じて飲むと瘭疽《ひょうそう》にならない」

「破傷風には海老殻（伊勢海老）煎じて飲ませるので殻を大事に取っておいた」

# 唐辛子

　長野県のいちばん南端・天竜村坂部という山の村で一人暮しのますえさんは、所在なくこたつに横になっていた。とうてい聞きわけられないような雑音ばかりのラジオを友にである。一つ吊した裸電球も二十燭ぐらいの小さいもので、なんでも冷蔵庫とこたつを入れたら電源の量がいっぱいで、それで電球のワットも小さくした。またテレビも入れていないというのだった。ますえさんは明治三十七年生れ、町に住む息子さんが来るようにいってくれるらしいのだが、冬でこそこうして寝ているばかりだ、春になれば百姓仕事があり、ここを離れる気になれないというようなことだった。

　その折は三月（五十九年）はじめだったのだが、まだ一帯は白いものに埋っており、ますえさんの家は、年月に晒された板壁の正面ばかりをのぞかせて渋い色調の中にある。ところが、淋しい景色の中に一点鮮やかに輝くものがあったのは、入口の羽目板の横桟にはさんだ真赤な大唐辛子であった。ますえさんに聞けば、トマグチ（入口）にはナンバンを立て置くもので、昔の人は「まよけだ」といったという。

坂部の部落ではここを訪れる前に数軒に寄っているのだが、家も新しくなっているところが多いし、これまで唐辛子にはお目にかからなかった。ここばかりでなく、入口のまよけに唐辛子を見たのはこれがはじめてであった。

ますえさんに他にナンバンについて変った扱いをすることがあるかと問うたらこんなにも答えてくれた。

「揚げ物（てんぷら）する時、はじめにナンバン一つあげる。狐ねぶらんといって、ナンバンは一つなと。衣はつけないでもいい。昔は辛いのを食べる人がいたのでそんな時は衣つけてあげることもする。私は今でもこれをやっている」

このあたりは家と家の間がずいぶん離れている。次に寄った千代治さんの家にも入口際に火と目を射る唐辛子があった。こちらはいささか手をかけ木串を途中まで割りかけたものにはさんであったのだが、その木串も三十センチもある立派なものだった。やはり板壁のすき間にさし込んである。千代治さんも一人暮らし、大きな家のいろりの傍で毎年茶作りをする。手揉みの大変おいしい御茶を御馳走になった。

これより出た愛知県の東栄町月の部落を抜ける間に、街道筋の一軒の玄関で唐辛子に出会っている。こんどのは一本などというのではない。小振りな種類ながら木ごとを郵便受けの後ろにはさみ立ててあった。訪うて外に出て来た中年の婦人に尋ねると、枝のまま吊ったり、掛けたり、昔から続けていることだそうだ。死に近い病人が出た折など、意味のわからない物言いをしたり、うわごとをいうのは狐がのぞいているのだという。またいつもは食が細いのに、急にもりもり食べた時などもそれで、唐辛子はそれらの災をよけるというのだった。

この家の外側にはもう一つ花入れを柱にかけて青々したオハナ（シキビ）が活けてあった。シキビが葬式のハナとされるように、お祓いにこの木は多く使われるのである。そういえば、坂部のますえさんの家の入口には細い標縄も張り渡してあった。標縄も本来の姿は悪いもの外から入るを拒むもので、昔はこうして二重・三重のお守りで家々は守られていたらしい。今は親たちから受け渡された習俗を律儀に守らずにいられない人たちと、また病人でも得た時に行われるだけになったというのだろう。

さて、これらの旅から帰って、秩父の街の影森という通りを歩いていたら、ここでも唐辛子を見て、灯台下暗しはこのことだと思った。ナンバンはここでは可愛らしいタカノツメに変り、板塀に続けた門の柱の国旗掲揚台の筒の中に一房さしてあった。いつもは玄関に吊るのが、つい簡単にさした儘にしてしまったとの由で、泥棒よけとのことであった。

この後にも注意をしていると、唐辛子の呪的使い方にはさまざまに出会うのだ。

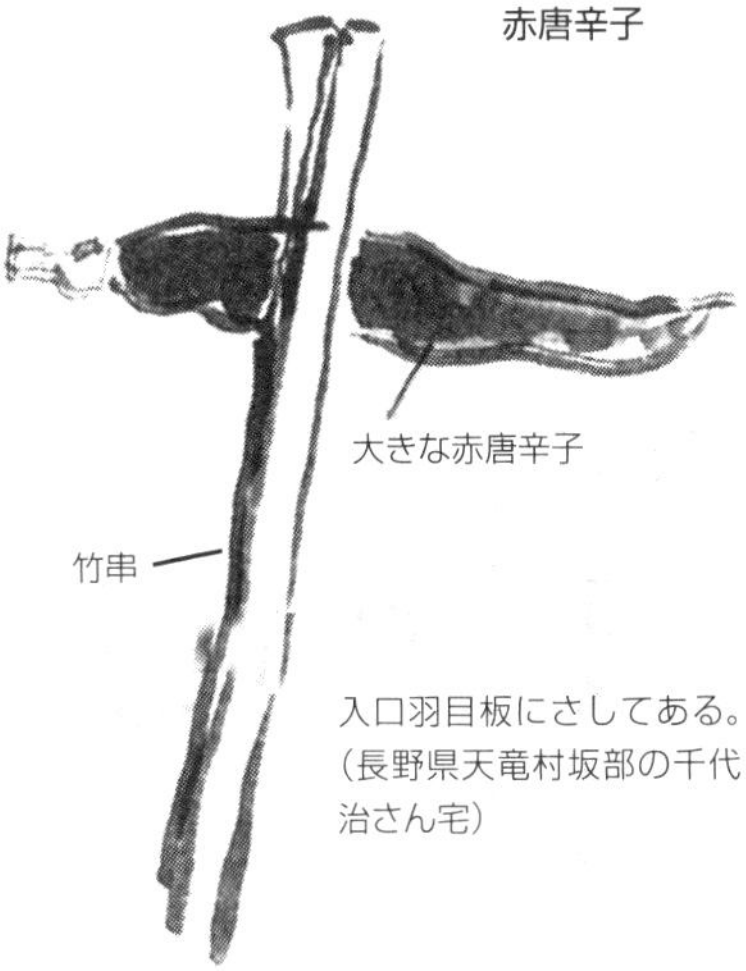

入口羽目板にさしてある。(長野県天竜村坂部の千代治さん宅)

まず戸口のお守りにする地方も沢山ある。千葉、房総半島の勝浦市の周辺では、唐辛子とニンニク、または杉葉を共にしばってトボグチ(入口)に下げるのである。海の際の大原町岩船でトラさんが語りくれるのも杉葉のところは一緒なのだが、形が少し違う。竹の棒の先に一把ほどの藁を、ちょうどはたきの頭をつける要領でしばりつけ、しばった先を短く刈り込む。物をさし立てるに具合よくなった面に杉葉と唐辛子一本とを突きさし、屋敷への入口・片側に立てる。悪病が入らないようにといういわれで、季節を問わず、どこの家でもやっていたという。

同じ大原町大原でみつさんならこうもやった。風邪をひくと、追い出すといっていろりに唐辛子をたいた。

唐辛子をいぶすことは前に静岡の水窪町（現・浜松市）小畑で今井はまさん（明治三十六年生れ）からも聞いた。

「はより病にまよけだといってナンバンいぶした。ここは街道端なので赤痢の人を担いでいったりする。向井市場に隔離病舎があってそこに運ぶ。そうした時、ナンバン二さやでも三さやでもどじ（土間）でいぶした。たいそうむせっぽい」

唐辛子は中華料理などで鍋で炒ったりしても息がつまりそうになるから、これはこれで厄病神を追い立てるには効果が大きかったのだろう。四国徳島県の一宇村（現・美馬郡つるぎ町）桑平でも唐辛子をくすべるところは同じなものの、この地では蛇よけを理由に行うのであった。

病気の種類で少し類の異るのは眼病よけである。茨城の北端の大子町《だいごまち》から福島の矢祭町《やまつりまち》にかけては、はやり眼をヤンメボッポと呼び、これにかかる人が多かった。今でいう結膜炎であろうか。

眼が真赤に充血し、目ヤニが出て目もあけていられないようになる。これがはやりはじめると、「やんめぼっぽが来ねように」と言って竹串の先に綿とナンバン一つをつけて門を出たところ、また辻に持って行って立てた。大子町外大野で子どもたちはそんな場所を通る時、腕で顔を覆いながら

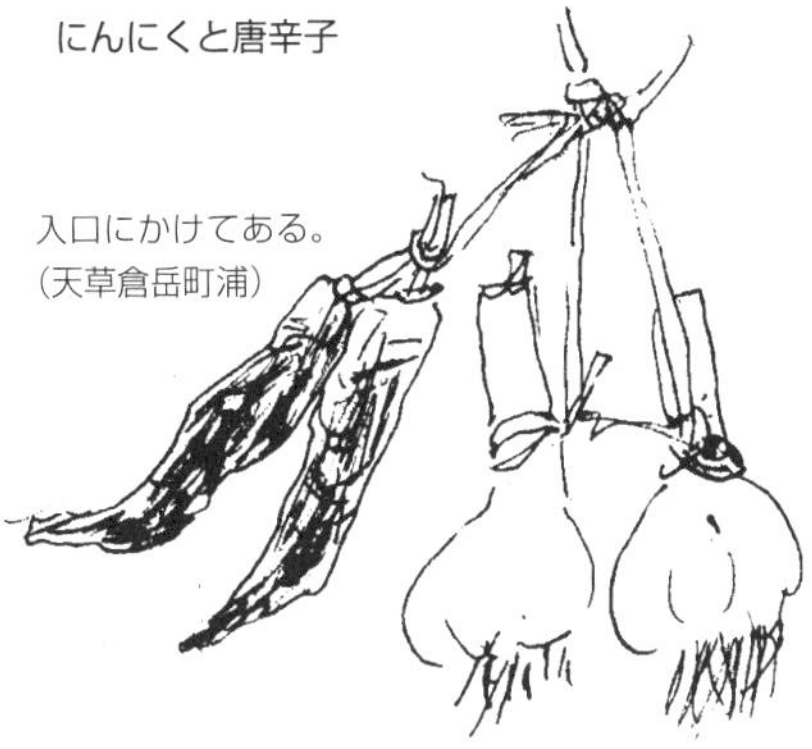

にんにくと唐辛子

入口にかけてある。（天草倉岳町浦）

やんめぼっぽ　くそぼっぽ

と叫んでぬげ（逃げ）ぬげ（逃げ）した。

唐辛子は家の守りではなく、身につけて体のお守りにすることも行われていた。新潟の十日町市落之水という山深い村ですがさん（明治四十年生れ）によると、当地ではやはり病には桑枝で槌型に作ったものとナンバンを門口に吊す。その他に上の二つを巾着《きんちゃく》に入れて首から吊してもいたという。ナンバンの代りにニンニク

を入れる人は多くなかった。

長野県戸隠村（現・長野市）平ではゆきのさんが話してくれて、「伝染病がはやったらナンバンを桃割れの中に入れておいた」といった。これも可愛らしい。桃割れは、小学校に上るようになって結うのだった。

同じく長野の穂高町（現・安曇野市）塚原のあたりでは、狐、また狐とは少し違うといういづな、いが憑いた時に、家族など周りの者はコショウ（唐辛子）やニンニクを身につける。知れないようにこれをしても、いづな憑きは敏感に察知して、「おれまくる（追い出す）とて入れてる」といい出すそうだ。

# 臼の音

# 臼の音

山形の私の故郷の村のあたりでは、人が死んで葬列が家から出る時に臼音を響かせる。座敷で坊さんのお経もすみ、人々が立ち上がって家から外に出かかると時を同じくして、屋内の土間、ニワに餅つき臼が転がし出され、近所のお婆さんなどが一人、二人、一握りばかりの米を入れてトンカン・トンカンと粉をはたきはじめる。家の外では、誰がなにを持つ、なんの役は誰々といちいち呼び上げ、人が動き、見物人もまじってざわめき、なにがない、なにはどうしたと大声もとびかい、大いなる喧噪のただ中なのである。ようやく列の形も出来、先頭のジャラン・ピン・ポンも呼吸が合うようになって葬列はこの臼音によって門から送り出される。

選《え》りに選《え》ってどうしてこんなせわしい中に臼つきをはじめなければならないのかと不思議に思っていたが、どうも臼の中身は問題でないのである。この時、空臼をつくところがある。

『高松風土記』（郁文堂出版部）は山形上山《かみのやま》市の萩生田憲夫氏の手になるものだが、それにカラウスハタキという名前で載っている。

「葬列出る時、戸口に空の臼と杵を出して手伝いの女搗《つ》く。カラウスハタキ、また粉ハタキという」

唐臼と形は異るがやはり空で搗くのは長野の天竜川に沿う天龍村の坂部という山の村である。唐臼はニワの隅に埋めこまれた石臼に、杵の柄を長く伸ばした形の台をしつらえ、その上に、人が乗って片側だけのシーソーのような形で物を搗く。どこの家にもあった。これを坂部では棺が出る時に空のままで、コトン・コトン搗く。

じつをいえば、弔いの折の臼つきは、この時ばかりではなく。人が死んだ直ぐからはじまっているのだった。息を切ったというと、直ぐ知らせが近所にもたらされる。そこで寄ってきた人たちがいちばんにやるのが臼を持ち出しての粉はたきである。立杵、もしくは細身の横杵で米を搗いて粉にし、さっそく団子にして死人の枕元に供える。死んだ人は高野山に詣るのだそうで、団子はその弁当、だから手間を取ってはいけないと、取るものも取りあえず、まずはトンカ・トンカはじめるのである。

福島県の西会津町野沢で梁田《やなだ》イシさんはこのあたりを次のように話してくれた。

「死んだら直ぐ、夜中でも何でも茶碗一つの米を臼ではたいて枕団子六つ作る。近所の人二、三人で搗く。とんか・とんか・とんか・とんか。今頃臼音している、人死んだなとわかる。臼音よく響く。死人出した家でもこの音聞くと心細いもんだ」

野沢から七、八キロ入った安座でもひさ子さんや鬼子雄さんがいっていた。

「目落ちと直ぐにはじめる。知らされた近所の女たちくろ米（玄米）をそのまま つき出す。二人ぐらいで。餅をつくのに二人搗き用の細身の横杵があり、それで。夜などは音ことによく響く。あの世まで聞えるという」

死人に供える団子が要るとなら、また弁当を持たすとなら、それもいいだろうが、じっさい搗くのは粉ばかりでもない。また死人のためだけではなく。普通の米つきもこの折に行われるのである。しかもこちらはかなり大々的である。

千葉県沼南町（現・柏市）片山では、人が死ぬと「米つき」といって、親類やら組から七、八人の若者が役につく。大きい家では二俵、普通で一俵ほどを、米が多い時なら臼二つを使ってつく。大体半日かかるという。これを話してくれた林清さん（明治三十九年生れ）は、「米の貯えがあろうと

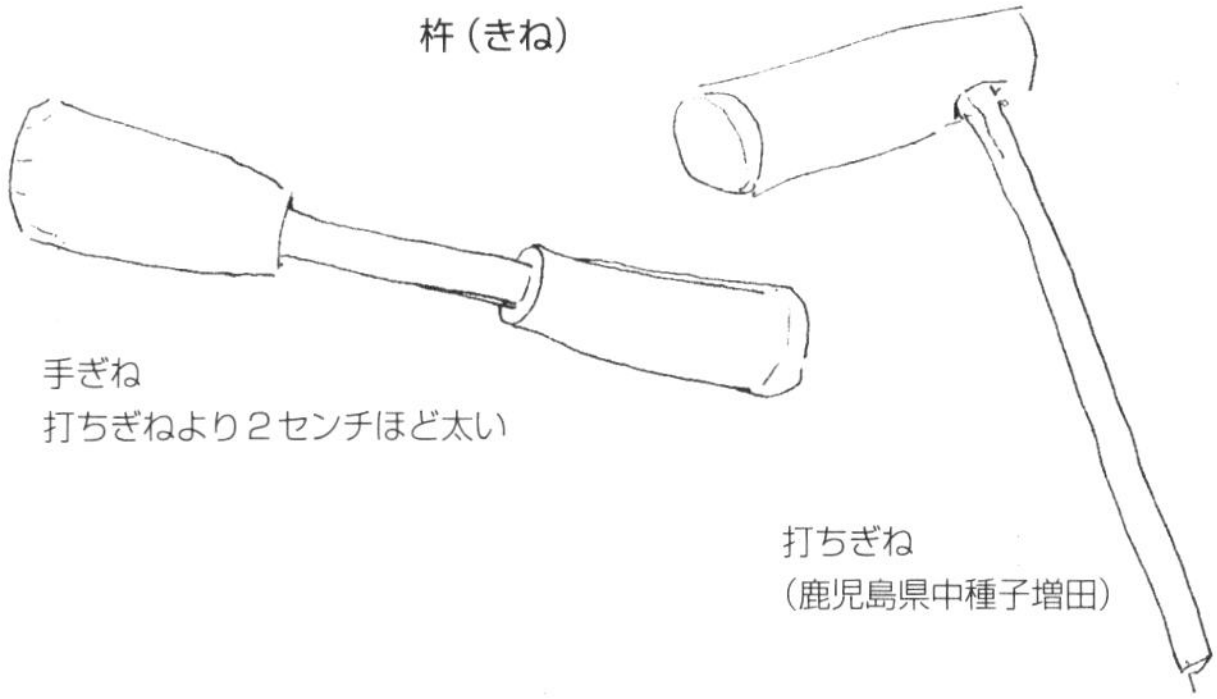


なかろうと必ず米つきをやった」といった。

　これはどこでも普通に聞く。長野県小川町小根山のいちよさんも「自分の生れ家で祖父母の時は五俵（籾で、米にするとその半分）食った。何人でもやり、一日かかる」といったものだったし、島根の平田市（現・出雲市）地合では唐臼で二俵ぐらいついた。熊本の天草河浦町益田では、一つ臼に一斗の米を入れ、六、七人もたかって「とろとろとろとろ搗いた」という。岩手の宮古市石浜で畠山ヨシノさん（明治三十四年生れ）は、ある家の葬式では籾からやったので二日間米搗きしたといっていた。

　奄美大島でも、葬式には必ず米がいるという、死んだというと親類が集まって籾をすったり、しらげ（米つき）たりする。それだから、死の予兆には、こうした物音を聞くのである。宇検村《うけんそん》生勝でしま婆さんが話してくれた。

「夜にしかあた（籾すりや米つきなどの音）がする。米しりゃげ（米つき）はちっち（立杵）で搗きドンカラカラ・ドンカラカラ音立てる、その音などがする。「夕べしかあたしあたが、誰《たっ》がろ近くにもりしゃんが（夕べしかあたがしたから誰か近くに死ぬよ）という。この音がするとびっじょがない（外れることがない）」

島では横杵の前の形、一本棒の立杵《ちっち》がまだ使われている。そのちっちで米をしりゃげる（しらげる）には、一つ搗いたら必ず杵を臼縁に打ち当てる。それでドン（つく）カラカラ（臼を叩く）の音になるのだという。（米を搗く場合は知らないが、粉はたきの折は横杵を使ってもこれと同じ動作を行っていた。臼を叩くと、縁に沿って広がっていた中身がさっと中央による）

葬式にはずいぶん米が消費された。なにしろ「死人の大ぐらい」といわれるぐらいで、村中で集って葬いのすむまでの間、死人を出した家の食糧でまかなわれる。その食いぶちとして米が必要であり、したがって米搗きの作業も伴ったと見られなくもないのだが、先ほどもいうとおり、手持ちがあってもなくともというのだから、ただ米の調達にかかっているのではないのだろう。

葬式の臼といえばもっとずっと一般的なのに、野辺送りから帰る人たちのために葬家の門口に出しておく臼がある。今は葬儀屋が一切を取りしきることも多いのだが、面白いことに用具の中に半紙大の紙に臼の絵が印刷されたものがついてくる。葬家ではこれを入口の小机などに貼っておくもので、目に触れた方も多いはずである。

地方ではまだ実物の臼を持ち出すところも多いが、そんな場合はほとんど臼を伏せて、台の扱いをし、上にお清めの塩や、また手桶の水などを置く。

この臼も、もしかしたらつき音を立てたものだったのではなかったか。というのは、これと似た激しい音が仕組まれていると思われるやり方は他にもあり、それまで棺の下に敷いていたむしろを叩くことである。

これにはちょっと説明がいる。むしろ叩きは普段でも農家では干物の後などによく行われるのである。二人が向きを反対にしてそれぞれ片手でむしろの端をがっしり掴み込み、空いている方の手に持った棒でむしろを叩くと、むしろは満風を受けてふくらみ張る。それをこんどは反対側から相手が打ち返し、しばしこれを繰り返す。烈しい弾き音が叩き出されるもので、なまじいの太鼓などより大きい音になり、村中に響きわたる。

滋賀県上山町鮎川の笹尾コトさん（明治二十四年生れ）は、御飯には立って家族と膳を囲むが、それ以外は床に伏せってばかりいるようであった。この話も伏さったままで聞いたのである。コトさんは葬式にむしろ叩きの習慣あるを語りくれたあと、間を置いて呟いた。

「一代働いて、叩き出されるて哀れやな」

慕わしい人を叩き出すのではない。彼に死をもたらしたうとましいものをおい出すのだと思う。

# 鉄砲

奈良県吉野郡十津川村では葬式に鉄砲がつく。野辺送りをする葬列の先頭に鉄砲持ちが立つのであり、この者は墓までの道中、曲り角や辻々で空に向けて空砲を放つ。また墓に着いて棺を納めるべき墓穴に向っても一発うつ。この時は穴から白い煙がぶわっと上るそうだ。墓穴に鉄砲向けるのは、予め掘ってあった穴に悪いものがひそまないようにといって、見張りをしたり、穴をふさいだり、刃物を吊したり、また棺を入れる前にタイマツで祓《はら》ったり、さらに弓を射かけたりの祓いをする。その一環である。

節分に鉄砲をうつ慣《ならわし》は和歌山から徳島あたりに盛んだ。徳島の一宇村《いちうそん》（現・つるぎ町）河内でまさのさんによれば、「早よ鳴らさな追っかけられる」といって、晩方早々に鉄砲をならした。和歌山本宮町（現・田辺市）の発心門では、三十三戸あるうち鉄砲持つ人が六、七人おり、この人たちが

年越《としごえ》（節分）の晩には村中に音を響かせた。鉄砲はま上に向けて放ったという。

節分をトシコシと呼んでいる地方も少なくないが、もっと広くにいわれる年越、十二月三十一日と元旦に鉄砲をうつところもかなりある。宮城県栗駒町（現・栗原市）文字では、年取りの晩と元朝には、悪魔払いといって若い者が鉄砲うつのだった。三重県宮川村（現・大台町）でなら正月早朝鉄砲を一発うって「やびらき」と称する。山口県徳地町（現・山口市）野谷では皆猟をしたのでどの家にも鉄砲があったといい、それを元日早朝「うちはじめ」といって弾を込めて一発ずつうった。

今では鉄砲を持つのは鑑札やらなにやら難しいことになったが、獣のいる山に交わり住み、また鳥やそれらを生活の糧の一部にしていた時代には、たとえば近年までどこの家にも刀の一振り二振りがあったように、鉄砲の所有も尋常だったと思われる。

嫁入りに鉄砲をうたれたことも方々で聞く。愛知県の作手村《つくで》（現・新城市《しんしろ》）高里では嫁入行列が家近くなったところで鉄砲を二発ぐらいうつ。たんす長持に狐がとまってくるといかんといって鳴らすのだという。話し手の斉藤さんは「狐来ても離らかすといって鉄砲をならす」といった。

同じ村清岳《きよおか》で平松さんによれば、ここではとまぐち（玄関）に入るところで鉄砲うつ。この辺はまわりが山ばかりなので、行列もたいてい山越えをして来ることになる。行列には「掛け魚」といって前後に二つ担いだ酒樽のそれぞれに、藁苞《わらづと》に入れた魚を掛ける。狐はそれが欲しくてついて来る。白鳥だかの嫁さんの時、魚だけがなくなっていたなどと話す。

しかし逐い払うものが狐でなどないことはいうまでもないことで、それは、徳島県木屋平《こやだいら》村（現・美馬市）川上でなら嫁の行列が着いてからではない、家から出た折に鉄砲をならすことでも明白である。

嫁入りには大変なまよけがなされるのである。人の死んだ葬《とむらい》の折ほどではないものの。何重にも念の入ったよけごとを施している。その種類は他の章にも折々登場するだろうからここでは述べないが、ただ一つ、「嫁添」というのだけからでもうかがえるもので、嫁とそっくり同じような仕度をした者が付く。ところによってこれを「嫁まぎらし」と呼ぶのを見てもわかるように、本物の嫁を隠すためのトリックだ。輝しい生れ子がもっともモノに狙われやすいごとく、人々に幸せと喜び、繁栄をもたらすところの大もと、晴れがましくも人々にもてはやされる中心人物に、妬みと恨みとで凝り固まっている、哀れに迷い歩くモノ、つまりまものはすかさず目をつけるらしいのである。

国賓とか、大事な客人を国に迎える時には礼砲を撃つ。あれもお祓いの行《ぎょう》なのに違いない。大事にされている人であればあるほど、海から山から、地から空から悪い連中は馳せ参じる。その群がり寄るものを逐い散らし、行く手に災の種子を残さないようにするのが、客に対する礼儀であり、またもてなしでもあった。

鉄砲は新しく他所から入ったものだったから、自前のものでは爆竹などが用いられ、またなによらず音なす工夫がなされたろう。たしかに後者の立場に呼応するかのように、鉄砲が持ち出せる土地でも以前は弓を射たと語られる場合もあるのである。

しかし私には、音をより効果的にするために、また格段の便利さが買われて採用されたように思えてならない。これまでに取りあげた、葬式・節分・正月などの行事でも弓矢の登場はあるものの、それらはごく稀であって、対するに全体に満ち満ちているのは音だからである。妙鉢《みょうばち》(鳴り物仏具)・どら・鉦・太鼓・各種の叩き音、鳴り音、爆発音、さらにこれには叫び声や騒動の音も加わるかも知れないのだ。

行事に現れる鉄砲を語る時、「鉄砲をうつ」ではなく、「鉄砲を鳴らす」と言い言いされたことなども、この想いに拍車をかけている。

少なくとも次の奄美大島宇検村の例は鉄砲が音に代ったことをよく語るものである。

当地方では正月七日にナンカンスクといってナンカンゾウセイ（七日雑炊）をする。他の土地の七草に当るものだが、この日は正月に御馳走を食べて人間が太っているので、天から鬼が人をとって食べに降りて来るなどというのである。その鬼を追うために空に向けて鉄砲をいくつもうつ。ただし、鉄砲のない家ではやど（屋戸）をどんどん手で打ち叩いたという。

# 爆竹

竹はいろりには焚けない。竹箒にするような枝先でさえもパンパンはねて、その上火は飛ばすし、灰をまき上げる。私のところには外に五右衛門風呂があって、まわりが孟宗の林でもあることで、これには竹を焚く。音が恐しいので、枯れてひび割れたのか、半ば朽ちかけたのを選んで曳きずって来るが、それでも時折下の部落まで届くような肝を潰す破裂音を立て、私は風呂釜が破れなかったかと心配になる。

正月十五日のトンド（左義長）にはこの音が仕組まれたのであった。村々・字々《あざあざ》で競争して焚くことが多かったもので、なるべく焚物を多く寄せ、竹を集め。〝芯竹〟と称して孟宗のことにも太いものを中心に立てることもする。滋賀県の信楽町《しがらきちょう》（現・甲賀市）朝宮などでは、持ち寄る竹が百本ぐらいになったというからその凄さも想像出来るものだが、それが、字《あざ》ごとに何ヶ所でもなさ

れるのである。

しぜんに破裂する、その音だけではつまらないといって力に補助を加えたところもある。熊本五木村では竹が充分炙《あぶ》られた頃、掴んで岩に叩きつける。この方が「音の大きかで」だそうだが、こうすれば二節《ふし》間ぐらいが同時に鳴る。子どもたち皆がてんでにこれをするもので大音が続く。また炙りながら繰り返すのである。この時の竹は苦竹《にがたけ》や唐竹《からたけ》やはちくで「孟宗《もうそう》のような太かとは手に負えんで」と語る。

九州では多くトンドは七日に行われ、普通家ごとに門口でなされるのである。竹を鳴らすのが本旨であることは変わりがなく、ポカーンとはねる音に合わせて、「ホッケンギョウ」と声を張り上げ、また「鬼は外」と叫ぶところもある。地ノ島などではこの火で鰯の串刺しを炙り、「一年間のまはらい」だといって戸口に立てるという。節分とまったく一つ風をなすのである。壱岐でもホケンギョウの呼び名のところだが、ホロムカシという柴を炙り、これとヒイラギと臭いトベラを戸口にさす。

節分に右とそっくりに鳴り音を立てるのは、和歌山県の北部である。日高郡龍神村（現・田辺市）では、この日、各家ごとにか、または何軒かで誘い合って真近の辻で竹を焚く。それでツジビと

ウツギ

埼玉県秩父市浦山

イタドリ

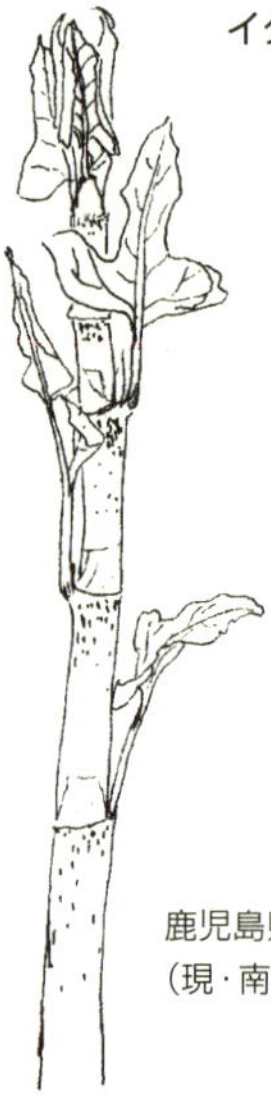

鹿児島県川辺町
（現・南九州市）

も呼ぶのだが、それぞれの家で二尺丈ぐらいの竹一束ほどを持ち寄って一時間も焚いた。

しかし、竹藪のある家ばかりではないので、そういうところではゴンパチと呼んでいるイタドリを使うのである。これも竹と同じように節があってよく鳴る。村の最奥の大熊では、細竹がゴンパチかニベノキ（ウツギ）といったウツギも、子どもが笛にするように中が空洞で、竹に変らず爆発し、いろりには焚かないものとされているものである。龍神村に隣り合う奈良県十津川村ではもっぱら竹を焚き、上湯川の前岡忠一さんによればオダケと呼んでいる竹を五、六尺に切ったものを燃し、ポンポンはしる音で鬼はらうんだといった。ここでは鉄砲のある家ではその打ち音を響かすのだった。

竹の爆発音は鉄砲のそれに劣ることはないものの、それを得るためには、大火を焚いたり結構手数だ。鉄砲が生活の中に現れ出すと、私たちが松火《たいまつ》や提灯に代って懐中電灯を持つように速やかに役の交替が行われたものと思う。

# 拍子木

子どもの頃、拍子木《ひょうしぎ》を首に吊して〝火の用心〟をやった。日暮近くなると通りに六、七人の子が集って来、その中にはきっと子守りをされている幼い子などもまじって、小字《こあざ》の端から端までを

火の用心

と叫んでまわる。拍子木をチョン・チョンと二つ打って「火の用心」、こればかりでは力の入りが悪いので、

マッチ一本火事の元

とか、

油断大敵大火事の元

などをつけ加え、終いにまたチョン・チョンで締めるのである。

あれは戦後にはじまった。当時、私は四、五年生だったが、拍子木が要るとなって大工さんに頼んだのを覚えている。器用な親や男の子ならみな手作りをしたようだったのに、難しく考えたものか、我が家ではてんから人頼みにしたらしい。もっともその材質は〝極上〟からは遠く、〝並〟も下《げ》ていどだったらしく、上級生の男の子の自慢品からみたら音の鋭さはずいぶん落ちた。しかし、それでさえも拍子木の音はかん高く、まともにはっしと打ちあてれば間近なだけに耳がしいんとなり、手もしびれて、生半可に打つぐらいでちょうどよかった。

村は、擂《す》り鉢の底のように真中に水田を抱え、幾本かのひだに沿った小集落ごとに五つ、六つの小字に分れている。その小字それぞれに組があって廻るので、カチ・カチがはじまり出すと、何重奏かになって、そっちからもこっちからも高く・低く聞えてくる。はるかに間を隔てて、人声は吸い取られるように消えてからも拍子木の音だけは空に響いてまわっていた。

こうした拍子木の音は人の喚起を促すものと普通考えられるであろう。ところがそうではないらしい。不思議な立場の拍子木に出会う。

丹後半島の伊根町《いねちょう》（京都府）大原では子どもの夜泣きに拍子木を打つ。夜中に子どもが泣き出すと、父親などが拍子木を打ちながら家のぐるりを廻るのである。

夜泣きの折に、他にどんなことがなされるかといえば、箒を担いで家のまわりを廻ったり、槌に縄を付けてコンコラ・コンコラ曳いてまわったり、赤ん坊におしめを被せたり、また最も多くは刃物を持ち出して枕元に置くか、窓外に吊すかしたり、火を灯して子のまわりを祓《はら》ったり、提灯下げて家のぐるりを巡ったりする。これらの採物はいずれもまよけの〝モノよけ物〟である。

なにかに怯えたように夜中に突然に泣き立て、泣き募る夜泣も人々には異変とうつり、今まさに邪悪なるモノの悪意の手のさしのべられている時と見たのだ。

宮城県の北上町（現・石巻市）大指で佐藤きくのさんによれば、この辺では大風に吹き荒らされた時には拍子木を叩いて家のぐるりをまわるのだった。

節分は追儺《ついな》の行と人の認識を受けているが、この日に拍子木を叩くところは福井の三方《みかた》半島辺りである。カヤ（榧）や麻がらや竹串にジャコをはさんだものを髪の毛でしばり、門口、戸口ごとに立て、炒豆《いりまめ》をまき、さて日暮から夜中まで家ごとに何度でも拍子木を打つ。ただこの折は多く雪の中、家のぐるりではなく、門口へ出て叩くといった人たちも多い。

またこれは少々儀礼化しているのか、向笠で九十三歳の片山マスさんのいいくれたのは、夕食後から寝るまでの間、三つずつ三回叩くのを一区切りとし、これを七遍繰り返すというものだった。

拍子木およびそれに類する叩き音は正月にも盛んに現れ、ことに小正月に集中する。

この日の音というのは、まずトンド(左義長)にはじまる。小山に積んだ焚物を燃すのには爆竹用の竹をいれることを忘れない。竹のない東北では、笹竹を入れる。これも細さは細いが質が堅固でいい音をたてるのである。私の村でなどはわざわざそれを刈って来るまではせずに豆柄をどっさり入れた。これまたパンパン弾く音を立てる。村では元日の朝から三日間、この豆柄を以て火を焚きそめるのだ。

トンドの当日、村中はもっと形の違った音でも満たされる。

新潟の広くでは小正月にホヤラドウ(十日町)などと呼ぶ雪室を作って一晩こもり、夜っぴて拍子木を叩いて村中をまわった。それぞれ鳥追の唄をうたいながらである。

夕鳥も　ホーホー
朝鳥も　ホーホー

中の憎《にっく》い奴は
尻っぽ切って　頭切って
佐渡が島へ　追いやれ

栃尾市（現・長岡市）東谷でうたったもので、ここで拍子木の名前はそのものずばりのカチ、ケンポロ（ケンボナシ）の木がいちばん音いいなどいう。

長野の長谷村非持山（現・伊那市）になると、大人も子どもも村中総出で十五日早朝、拍子木や空缶をならし、また鉄砲を撃って村の一方の端から一方の端まで追っていく。

長野の北部では、拍子木ではないが、ヌルデで作った羽子板ようのものを、同じくヌルデの棒で叩き、また「羽子板二枚打ち合わせる」と人々が語る。

削り花のついた棒で各家をまわり、物干竿などを叩くのは方々にあるが、その物干棒の備えがないことを心配するのだろう、太い竹を担いでまわって家々でその竹を叩く千葉市の例もある。

宮城の海沿いの村々などでは。てんでの家で鳥追をする。そのための棒に、魚を干す時の台に使う杉の丸太などを縁の柱にしばりつけ、家の子どもが座布団などに座って一時間も叩き続けるのである。

「鳥追」などとはいうものの、拍子木を打ち、鳴り音を響かせて、家から、村から、追い立て、飛び退かせたい相手が、鳥などでなかったことは誰の目にも明らかである。

# まよけの音

北海道、二風谷《にぶたに》でお目にかかったアイヌの萱野茂さんの名刺には、後出のような図が入っていた。そしてその下に「Ｔｅｋ（手）―Ｋｏｋ（付く）―Ｐｅ（もの）」。「幼児の手首に吊しておしゃぶりにする。まよけ」とおよそこのような解説が付してあった。いまおよそというのは、取ってあったはずの名刺が見つからないからである。この類を一つまとめにしてある中に、とうぜんあるものと思っていたのに入っておらず、それでは旅先で得たチラシやパンフレットやその他こまごました中に、まだ整理もせずに残してあったものかと捜したが見当らず、二風谷のアイヌ文化資料館では数冊の小冊子を求めていたから、多分その間にでもはさんであるのだろうと見てもこれもなく、旅中のノートの中にもなく、もしや子ども遊びの玩具の項にカードと共に分類してあったかとカードケースをあたり、いやいや、子ども遊びではなく、もしも分類するなら、産育の方

にだろうと、〝産育具〟などの項を調べても、結局出てこなかった。一枚の記録カードをめぐって どの分類に納めたのだったか、これと似たような難事をひき起こすことがよくあるのである。

それはさておき、〝まよけ〟の条が私にはいたく気になった。北海道に行ったのは昭和五十五年、その前の年あたりからまよけには関心を持ちはじめたことであり、また、当時は子ども遊びを集めている時でもあったので、そのアイヌのおしゃぶりもぜひ手に入れたい、などとも思ったのだった。

二風谷は南海岸から沙流川《さるがわ》を溯ったところにあり、川に沿ってわずかな集落と、そして観光地なので莫大な土産物店が並んでいる。巨大な酋長の木彫の像が立ち、熊を彫る男たちがおり、檻の中には生きた熊もいる。その土産店の何軒かで、テッコッペがないかと聞いてまわったが、この人たちはもはやアイヌ語を語ることがなく、テッコッペの何ものかを知る人も皆無なのだった。ただ最後の一軒で五十年配のアイヌ衣裳の婦人、たちどころに「ある」といったのにはやっと手に入ると喜んだのだったが、出されたのは手甲《てっこう》だった。こちらはテクンペ。音が似ているとの由だった。

宿にした民宿チセ（アイヌ語で家の意）のご主人も売店の前で彫物をしていた。取組んでいるのは大きな床柱で、それに鶴が何羽だかに亀が四、五匹もいるというおそろしく悪趣味の図柄だったが、何でも和人《しさむ》の頭領からの注文とのことだった。ただこの木はエンジュだそうで、生木のうちはおそろしく臭い、アイヌではこれをまよけにすると聞いたのは興味深いことだった。悪い風邪などがはやると、チクベニと呼ぶこの木の枝を家の入口にさしておくものだったと。私はその臭さのいかばかりのものか、またその他にもさまざまなまよけの植物を聞いたものだから、それを実見したく、人に乞うて山の端を案内してもらい、チクベニのむせかえるような悪臭にも堪能したのだった。

その折抜かりなくハンノキも教えてもらって枝を取って来た。件のテッコッペはアイヌ名、ケネと呼ぶハンノキで作るものだと教えられていたし、民宿の主人は材料さえあったら直ぐにこしらえてやるといってくれていたからである。じじつ彼は私がちょっと眼を離している隙にもう一つをでかしていた。しかし、それはあんまり丈が長すぎ、九センチあまり、中のくびれにも間伸びしたもので棒杵の形だった。彼が図柄を書いてくれるならというので、萱野さんの名刺を持ち出して、今度は図そっくりのができた。萱野さんの話では、これをたいてい二つ糸でくくって赤子の手首に結えつけておくというのだった。

ハンノキ
北海道・二風谷村

さて、それから一週間ほどした頃、私は旭川の従兄の家にいた。そして一日、忙しさの中に後まわしにしていた荷物の整理などをしていたが、リュックサックのポケットに入れておいた二つの杵っコ、テッコッペを取り出して、その触れ合う音の美しさにびっくりした。そういえば、つい一日か二日前頃から時々背の荷の中からきれいな、妙に高い鳴り音が聞えて、いったい何だろうかと、テッコッペのことなどすっかり忘れていた私は思ったのだった。樫とか椿とか堅い木がそうなるのはとうぜんだろうが、掌にのせてみてもそのような堅木には見えない。むしろ比較的軽い材だと思われるのに、それに打ち当る面の大部分は皮つきだというのに、波の面を払うような丸味のある澄んだいい音が響くのである。中央がくびれていることなども作用する

テッコッペ

のだろうか。ハンノキは生の折は柔いが枯れると（乾くと）堅い木だとは従兄が教えてくれた。

この音を聞いた時に、私は突然これがまよけだというのは、〝音〟だと思った。こういうと奇抜な思いつきのように取られるかもしれないが、〝音〟がまよけにされている例なら多くあげることができる。たとえば子どもの夜泣き封じには拍子木を叩いて家のまわりを巡るとするところがある。槌はそれ自体まよけの品物で主眼はそちらにあったのかもしれないが、「こんこら、こんこら」とか「ごっとしゃら」とか高い音が響いたというのだから、その何分かは音にもあったようだ。人々は死をも含めて災厄万端は、悪魔の手でひき起こされると考えていた。わけても小さい子たちは無力で、彼の手にかかることも容易であったために、子育ての期間にはありとあらゆるまよけの手が尽される。夜泣きなども、事が夜にかかるため、うとましい者等の手の及びかけている時としたのだった。

拍子木を叩くのはこんな折にもなされる。宮城の海岸よりの北上町（現・北上市）大指では、風が強く吹き荒れるとこれを叩いて家まわりをまわると聞いた。激しい風雨や、天候の急変も、それを起こす張本人には変わりはなかった。大風には主に草刈鎌を掲げることがなされるのだが、この鎌は子の夜泣きにも軒に吊される。二風谷と同じ平取町の貫気別で聞いたところでは、野良でシンタ（揺り籠）に子を寝かせておく時は、柱に立てた棒のてっぺんに鎌を一つしばりつけるのことだった。生れだちの子は一人にしてはおかぬもの、どうでもそうする時には、床の下や枕元に切れ物を置くとも全国各地でいうことだが、このようにまよけに心尽す人たちが、赤子の体にその類を付しておこうとするのは、かなりあり得べきことなのである。

鳴子のついた箸

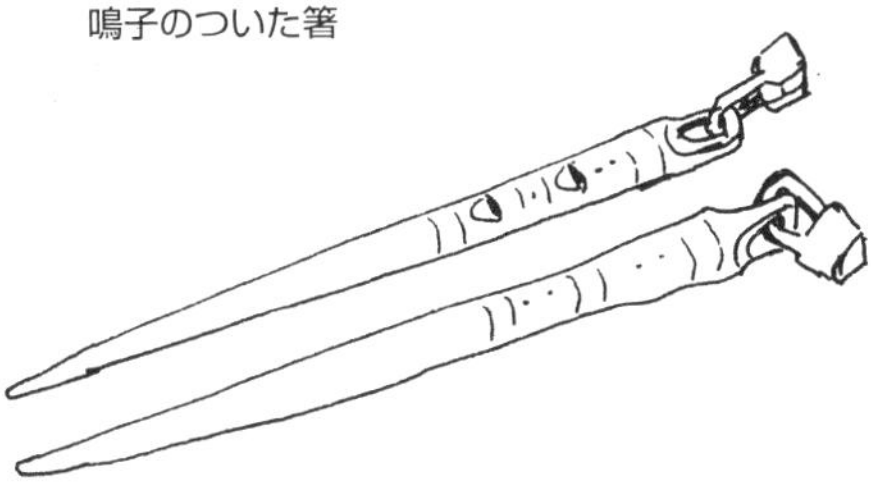

旭川・近文コタン

手首の音はささやかなものだ。しかし、姿もない相手に対抗する確たる手段はなく、数ある可能性の積み重ねなのだから、このささやかなものでも中の一つの手だてにはなったに違いない。

それにささやかな音ではいま一つこういうものもあった。こちらでは箸の頭に鈴をつける。いや、鈴といっても金属のではなく、木をくり抜いたところころ鳴るもので、これは土産物としては格好であるらしく、どこの店にも並べてある。旭川市には近文コタンがある。こちらは二風谷などよりはるかに大規模な観光地で、団体客を乗せたバスがしょっちゅう発着し、それらのために時間が来ると土産店の売子たちが、こんどは踊り手となって広場で踊りを見せるのだったし、ムックリ奏者の口まわりに入墨したお婆さんが、小屋がけのようなところで出番を待っていたりするのだった。もっともこのお婆さんは、入墨はほんとうでなく、客用に眉墨で描いているのだと私に告げた。ここの土産物店で私はその箸を一膳求めた。

これはじつによくできている。箸の上部が窓になり、それに鳴子の柄が鎖のようにからまっているのだが、どこにも継ぎどころがない。すなわち一本彫なのだ。その手の巧みさにはただただ感心するばかりだが、何でも細工する前に木を湯につけて柔くしてやる。まわりをすっかり削り落して、最後に二つの連結部を切断するというようなことだった。

この箸なら私は二風谷でも見ているはずなのだが、さして注意を向けなかったのは、この愛らしいものはただのなぐさみ物とばかり思っていたからだった。たしか冒頭にいう萱野さんの著書に、それとも他の人のものだったかに、子どもの時には鈴のついた箸で食べる。少し長じると、もう子どもでないからと親などがこれを切り落してくれる。それが誇らしかったと書いてあったりしたせいでもある。しかし、これはどうやらそんなものではなかった。

近文コタンの広場には北村カネト記念館というカヤ葺きの家が建っている。中に展示するものは、これは不思議とほとんどないのだが、その数少ない中に木の椀があり、それに同じく木で刳ったスプーンが添えてある。この匙は柄が長めでゆったりとした懐の広い、なんともおだやかないい形なのだが、スプーンというにはかなり大振りで、少なくとも二つあるうちの一つはどうでも口には余る大きさだから、物を取り分けるのに用いられるのだろう。そのどちらにも柄の上部に鳴子がついているのだ。この木の鈴のことはトゥミシと呼ぶことや、以前は箸や匙にはよくつけたこと、近文のとよさんというお婆さんにうかがった。

子どものばかりではなく、親たちの使うものにまでついた、ということはもはや愛玩道具ではない。趣旨はおそらく赤子の手首に音立てるものをつけたと同じところにあるのだろう。

もともと「箸」はまよけの道具だった。それは少し前、自分たちで箸を製するまでは各地でその材料に多くまよけの木を用いていたことでも知れるのだった。今でも何とかの木で箸を作れば病気しないとか根強く言いかわされることに、ただならぬいわくを感じないではいられないだろう。沖縄などでは、食べ物が酸っぱくなったりするのはモノ（まもの）が手を入れるからだなどという。私どもが食物に欲を出すようにモノもまた餓鬼ともいわれるごとくはなはだしい執着を示すのであり、食べ物を扱う折には常に彼らの手を警戒せねばならない。家の内を祓い、身体の外をいかに祓い清めても、食物と一緒に災なすモノに体内に入れられてはなんにもならないので、食べ物と口までの間に絶縁体を置いた。これが箸の役目だと私は考えている。箸ばかりでもなく椀などもそのとおりで、これは食器全般にいえることだろう。

旭川から私はふたたび中央部を通って南海岸に出、海岸線を東に白糠《しらぬか》、釧路と経、北上して阿寒を経、網走に出、ここでまた木の鈴の違った用途に出合った。話を聞かせて下さった樺太を故郷に持つフサさんが衣類につけると教えてくれた。実物は見ることができなかったが、「木をくり抜いてからから鳴るの作って」というのだから、たいていこれまでのと似たものだろう。この鈴をコンコと称し、これをつけた着物はコンココロッイミと呼ぶ。また、コンコではなく普通のヌマ（ボタン）をつけることもあり、こちらの着物はコンコヌマッコロイミという。さらに二つの他には金物の飾りもつけると。

そしてフサさんは興味を示したこちらのために、着物を一枚出して見せてくれたが、それには今いう三種のうちの金物の飾りが、前立てや裾まわりに等間隔を置いて吊され、また、背にも幾つかつけてあるのだった。金属片は、黄金色をして、やや縦長に一センチぐらい、ゆるく波形の飾りを入れて切ってあり、これに六つ・七つの穴があって、その一つに針を通して綴られるようになっている。この着物はフサさんが祭りに着る折もあるかと近年縫っておいたとのことだった。

網走の博物館ではまた大量の鈴を見ている。こちらは本物の鈴で、それが皮のベルトに幾つとなく付き、それればかりではなく、真鍮の大小沢山の輪やら、さまざまな金属片やらがひしめきつき、重量は何キロあるかと思われるものだったが、これはサマ（シャーマン）の装具だった。神がかりする者がこうした楽器を持つのは内地にもあることで、こちらの巫女は弓の弦をビンビン鳴らすものである。神降しといえば、神を招くことなのだろうが、それを達成するためには、まわりにあって危害を加えようとしているやくざなものを追っ払っておく必要があるものと見える。

今まで述べた音とは比べ物にもならない大きな音にも会っている。天体の急変も悪霊のなす業《わざ》に見たこと、これも前に述べたが、中でも太陽や月の欠ける日蝕、月蝕に人々はどんなに衝撃を受けたことであろう。アイヌでは、これは太陽や月がまものに呑まれるところだから、それを助けるのだといって大騒ぎをする。釧路で数人の寄っているところで話してもらったところでは、てんでに桶なり空缶なり、板端なり、なんでもかんでも持ち出して叩き立て、

チプカムイ　エーライナー　（お日様死ぬぞ）

ヤイヌーバー　ホー　（生き上れ）

と叫んだ。一ヵ所でこれをやると次々に騒ぎが伝って行く。桶がないものは塀も叩く。道歩く年寄などは、塀に寄りかかり持っている杖で塀を打っているものだったと。隣の白糠《しらぬか》でも唱え言はまったく同じだった。夜中にも桶を伏せて底を棒で叩く、夜遅いからよく響く。戦争中、月蝕があった時、近所の婆さん二人寄って桶底を棒で叩いて騒いだ。そしたらその息子が「なに今頃馬鹿なことするか、されやめれー」とののしった。白糠のタキさん（明治三十八年生まれ）は、その声を聞いていたといって話してくれた。

鉦や太鼓を打ち、または枡《ます》の底を叩き、金だらいでも空缶でもガンガンやり、大声上げて騒ぎ立てるのは悪いもの、迷惑なものを追い払う折の常套である。それは虫送り、神送りに決って見られることだろう。これらが送りと体裁のいいことばは使っているものの、本音は所払いにある

こと、その折の「行きゃれ行きゃれや　とっと行きゃれ」とか「やりましょ　やりましょ」などの文句でも察しをつけるには充分なのである。作物の虫なども、災なす悪神、モノの指図によって湧くのだった。

ささやかな音で始まったから、終りもささやかなもので閉じよう。

沖縄には、十二月八日（ところによっては六日）にムーチー（餅）、またウニ（鬼）ムーチという行事がある。部落の出入口に縄を張り、家々では柏餅を作って食べ、その茹汁は家のぐるりにまいて守りとなし、餅やらそれを包む柏にも呪意がこめられているらしく、食べた後の皮を十字にあぜて（交差させて）戸口に吊し、一年中のまよけにするという、明らかに悪祓いの一日である。この日、島の東端部、国頭村安波《くにがみそんあは》の子どもは大威張である。彼らにも任務が与えられているからで、つまり二センチ巾、十五センチ丈ぐらいの竹か板片に、一方に穴を開けて紐を通し、それを棒にしばりつけたものを銘々が持ってブンブン鳴らしながらこんな唄をうたって村中巡るのである。

ブンブン鳴らしば　餅コ《むっちんくわ》たぼり
大餅《うふむっち》ん　たぼり

はーら　ぶんぶん

「ぶんぶん鳴らすから餅っこおくれ、大きい餅おくれ」といっている。最後の「はーら（ほーら）ぶんぶん」にはいかにも彼らの任務を完うしていることを顕示するジェスチュアが感じられるのではないだろうか。

なんにしても、こんな小さな音でもモノを祓う力になり得たというわけである。

# 生臭

# 生臭

山形の田舎に住む義兄が葬式の行事を話してくれた時、どうでもわからないというようにして次をいった。葬式には一切生臭を使わないものだが、一つだけ例外があり、湯灌《ゆかん》をし、死人を棺に納める役をした者だけは終って魚を食べる。その魚もカド（ニシン）、それでなければサンマと決っていて、しかもその油の多い種類の魚をいろりの火でじゅうじゅう炙りながら酒と共に飲み食いするのだと。当然のことながら家内中煙と臭いが充満する。

私の村は義兄の村作谷沢《さくやざわ》とは四キロ余しか離れてなく、同じ山辺町に属しているのだが、こんなことを行なっているのだとは話を聞くまで知らなかった。両親の葬式も見てきたものの、肴の臭いの印象もないところを見ると、もう少しおだやかな魚っ気の取り方になっていたものであろうか。

これについては大いにあり得ることなのである。長野の穂高町（現・安曇野市）塚原でも納棺にかかる役の人たちは、仕事に入る前に魚っ気を食べることで、その魚は煮干か、または缶詰でもいいといっている。魚を食べる理由をここでは「仏に口すわれないように」といった。

煮干は魚っ気を代表する、というか簡便さを買われているものなのか。四国・九州方面では葬式から帰っての祓いにしきりに煮干がかまれている。たとえば出水市《いずみし》上大川内のしなさんのいうのはこんなふうだ。

「葬式に行った帰り、家が遠いところなどなら、途中怪我でもせんごとといって、どこの家にでも寄って雑魚でんもらってかんで帰る」

天草半島河浦町（現・天草市）でも葬に手伝いに行ったりなどして、家に帰ったら「ほしか（煮干し）でんなんでんかむ」というし、長島でも塩水で手を洗い煮干をかむ。

愛媛三崎半島のあたりは、この風習は割合と早くになくなったのか、おすえさんという婦人は、三崎町（現・伊方町）串のおばの家に行っていた時に葬式が出て見に行った。帰ったらおばがイリコを食わしたと珍しがって話していた。

この煮干をお祓い用の塩と同じ扱いで葬家で用意するのも北の方には多いのである。宮城の鳴子町（現・大崎市）鬼首では、門に塩と水と、それから煮干を出しておき、葬式から帰った者は塩を振って手を洗い、煮干は食べたり、食べる真似だけして家内に入る。新潟の三川村（現・阿賀町）上綱木でなら、この時用意するのは塩と味噌と干しコだし、栃木の南部粟野町（現・鹿沼市）下永野や鹿沼市柏尾でも、塩と酒と、それから「お頭つき」とか「魚」（いずれも煮干）を用意することをいう。

もっとも栃木の右の地を含む南部一帯、それから千葉、福島にも及んでは煮干よりもかつぶしが多く採用されているのである。いくら最小のお頭つきといっても会葬者に行きわたらせる数だけ盛るには馬鹿にならない数になりそうだし、人によっては飲み込むのに抵抗あるかも知れず、その点細かいかつをぶしはさらに簡易な品ということになるのだろうか。じっさいこちらは、塩と共にいささかを口に含むのが普通であり、栃木市尻内などの場合、注いでくれる酒を飲み、かつをぶしを口にふくみ、塩は口にふくんだり、身に振ったりする。

新潟の阿賀野川に沿った上越西線津川の駅から南に入った川筋の上川村（現・阿賀町）九島《くしま》ではこの時ニシンを置くのである。五十嵐かくよさんからこれを聞いた時には眼を剥いた。

家の前には臼を出して伏せた上に皿にのせた塩と、一本のままのニシン（身欠きニシン）を置く。

墓から帰った者は、傍の手桶の水で口をゆすぎ、塩を振り、そしてニシンをつかんで肩越しに祓う。あたかも幣束《へいそく》のごとく、右の肩上から左の肩上と振るのだという。

九島から、室谷川《むろやがわ》に沿っての最上流室谷は途中に大して部落とてない、隔絶されたような、山の奥の小集落である。ここではニシンが川魚に代わる。海から遠く離れてニシンが不如意だったせいもあるのか、この地の葬式に持ち出される魚は、鮎や山女などの川魚だった。串ざしにして炙った魚を出しておき、その串を握って左右の肩上を祓うのだという。串のまま振りまわすあたり、まさに幣束の姿に重なっておかしみを誘う。

この村の東隣りは福島県西会津町である。西端の安座の部落ではふたたびニシンが現れる。トンボ（家入口）に臼が伏せて出され、その上に手桶の水、皿に入れた塩とニシン一本が置かれ、魚を振り、水で手を洗う。この時の魚の扱いについては、「魚をいただいて」と、片手に持ったものをいただく仕種に説明してくれる人もいるのだが、昭和生れの富枝さんはこれを「ニシンをかぶりつく真似する」といったので笑ってしまった。大正十三年生れの平八さんは「ニシン臭さを身にかけるような振り方」をするのだと解説してくれた。

重篤な病人の許に寄る時は臭いの強烈なニンニクや葱などが携えられたものだったが、これにニシンの臭みを利用するのも西会津町から二つの町を間に置いた喜多方市の上三宮で耳にしている。ここでは和泉屋という民宿に泊った。そこのおばあさんの話してくれたことである。

以前は悪病やみ（たいてい結核）で死んだところに行く時はニシンをいぶして行った。死んだと報せがあって行く時には、家々でニシンを炭火であぶったり、いぶしたりしてから出る。ない家では店から買ったし、家にあるからと分け合ってこれをする。年寄などが「ニシンいぶして行けよ」と念を押すものだった。

魚の中でいちばん臭いのはイワシだと人はいう。節分などに登場する理由はそんなところにあるのだと思うが、しかし、ニシンも相当に臭いのだ。ことに身欠きニシンなどは生のせいもあって、生臭さでは他にひけをとらない。お祓いの場でもニシン、さらにそのニシンをいぶして、より臭気を立てるのなどが昔の時代になるほど多くとられた形だったのではないかと思われる。

# ニンニク

小さな巾着《きんちゃく》を縫った中にニンニクの粒を入れ、腰に吊したりしたことのある人は、今でも日本には大勢いることと思う。それほどにニンニクのお守りは全国に広がる規模である。

これの守りを受けることはずいぶん小さい折からなされるのである。岩手の海岸沿い、野田町の新山などでは、子どもが生れてはじめて外に出す時に袋に縫い込めたニンニクを背中に縫いつけるといっている。これには人によってそのなしようがさまざまであるけれど、同じ部落で小谷地さんなら、一歳になるぐらいまでの間、夜間外に出す折にそうするのだった。「夜出る時は是非なくつける」と。

夜間はわけても危険な折であるから手を尽さないではいけないのだが、普段からもその備えをしておけば災いの種も減るというわけである。南隣の普代村黒崎で下道トメさんは二つ、三つぐらいまでの子は帽子などに年中ニンニクをつけておいたと語る。裸にした粒を糸で貫くのだといい、そして時々これをかもわせる(かがせる)とムスゲ(虫気)の薬だといった。年寄は「ニンニクはまのよげだ」といっていたという。

これは沖縄や奄美地方でもまったく同じにいう。沖永良部島《おきのえらぶじま》では赤子をはじめて外に出す折や、夜行させる折にヒル(ニンニク)をぶら下げたり、親の髷《まげ》などにヒルをさすことをいうし、石垣島平久保《ひらくぼ》では三、四歳になるまでの子を遠出させる時、フネンキ(ミカン)の葉とピン(ニンニク)を針で通し、子の首にかけさせる。与論島で山口さんは、ピルはムノのけ(まよけ)だといった。

もちろん、ニンニクの守りを受けるのは幼子ばかりでないのである。岩手の田野畑村は、普代村のさらに一つ南の町であるが、羅賀の部落で聞くと、女はよくかんざしにニンニク玉をさしていたという。主に山歩きをする場合で、今でも栗拾いに行く時などにポケットに入れて行くと語る人もいる。

「悪いものがとっつかないようにかんざしに一つ貫いていた」

さらに南隣になる岩泉町小本の小成チヨさん(明治二十九年生れ)もそういった。

岐阜県坂内村川上のてつをさん(昭和六年生れ)は十三歳で学校を卒業し、その年に大垣の紡績に働きに行った。その時「おばあ（母親）が『病気拾わんように』といって着物の衿にニンニクを籠めてくれた」という。着物の場合、衿先の縫い目が粗っぽくなっているので押し込むことが出来るのである。

普段はお守りの必要を覚えなくなっていても、危険な山行きや旅立ちにあたると旧習はよみがえるのだ。まして、これが悪性病気の流行時ともなったら、人々はたちどころに往時に復す。あたかも付け火のごとく移りゆく流行性感冒とか、伝染病、結核などは厄病神・まものの悪意以外には考えられなかったからである。

これが、冒頭にいう巾着のニンニクだ。風邪がはやった、赤痢がはやったというと、親は巾着にニンニクの一欠けほどを入れたものを子どもの付け紐に、しごき帯に、またはもんぺの紐に吊してくれるものだった。必ずしも腰ばかりではない。ニンニクの裸の粒を針とカンナ（木

ニンニク

永沼清さん宅（宮城県雄勝町桑浜）

綿糸）で貫いて着物の背に縫いつけることもするし、巾着を首に下げることもする。岩手の釜石市唐丹《とうに》では百日咳にはニンニクを真綿で包んで首に巻いた。

ニンニクの臭いの強さは改めていうまでもないであろう。これを食べたり、また身につけたりした人が傍にいると、強く弱く臭気の動きが気になってたまらない。けれどもこうしたお守りは学校などでは何人かがやり出すと、これも流行病の勢に劣らず、いっぺんに広がるもので、それはそれで幸なことであった。自分もつけてしまえば不思議と臭いが気にならなくなったからである。

岩手の普代村黒崎では人が死んだと報らせがあって行く時、もしくは重病人の許に行く時はニンニクを顔に塗ったり、着物の衿にすりつけたり、またはニンニクを懐などに入れて行く。下道トメさんによれば、病人の傍に寄るのをひどく嫌がる人もいるという。それで昔は多くこうしていたが、今は当家の人たちに悪いようでやる人はいない。つけているかどうか臭いで直ぐわかるからとのことだった。

同じことを福島の熱塩加納村《あつしおかのうむら》（現・喜多方市）針生でも「悪病で死んだところに行く時、衿さニンニク縫いこんだ」と聞いたが、一方、熊本五木村田口では

「ひどか病人のところへ行く時はニンニク食べてけばよか」というのだった。

こんなことだから、ニンニクの役目は人の体を守るばかりではない。家のお守りにもされている。こちらは腰に下げたり、背につけたりするのと違って細かくする必要はないので、どこでも軸についた株のままをしばり戸口や軒下に吊しておく。青森県八戸市是川で聞くと、このあたりは六十年前頃（昭和五十五年現在）悪性感冒が大流行した。どの家でも戸口にニンニクを吊し、また食べたりしたという。

沖縄の大宜味村田嘉里《おおぎみそんたかざと》のちよさんなら風邪がはやった時、ヒル（ニンニク）を二本あぜて（交差させて）しばり入口に吊す。一方子どもには小袋に潰したヒルを入れて首につけさせた。ここでは豚の病気にもヒルを吊したといっている。

じつは病気にあたってばかりではない。平生からニンニクを戸口に吊す習《ならわし》は今なお行われているのである。旅をしていて目に触れる戸口のお守りといったらいちばんに蜂の巣が多く、その次ぐらいにニンニクがある。壱岐の芦辺町（現・壱岐市）八幡もニンニクの多い町だった。ここは狭い土地を最大有効に生かし、両隣とほとんど軒を共有するように通りの両側に家が建て並んでいるのだが、その軒下にひんぱんに軸ごとのニンニクが一本、また二本と吊ってあるのが目に入った。正面入口上には例外なしにお札がまつってあって、それも木の納め箱に沢山のお札と大袈裟なのだが、もしこうした力あるお札を掲げる以前は、それこそ軒ごとにニンニクの姿を見たのだろう。

ニンニクにはもう一種行者ニンニクというものがある。北海道に多く、ニンニクと違ってスズランのように広い葉をしたもので、何がくさいといって、これほど勢の激しいのを私はまだ知らない。

昭和五十五年に北海道にアイヌの人たちを訪れた折、平取町貫気別《ぬきべつ》の町営住宅に住む人たちのところで、これの干したものをいただいた。こちらで行者ニンニクはプクサと呼び、春に採った物の全草を細かく刻んで干しておき、豚肉と芋の汁を煮たのに一掴みを入れて食べ、たいそうおいしいという。その食べようの珍しいために、大いに興味を示したこちらに、その屋の女主が一掴み袋に持たせてくれた。この後私は同じ部落内で木村イトさんという気持のいい一家に宿を貰う幸運に逢ったのだが、与えてもらった小部屋にリュックサックを置いて、しばらくしてふたたび部屋に入ろうと戸を開けたとたんに圧力に似た臭いが襲った。ビニール袋に入れてもらっているのに穴でも開いているに違いないと、木村さんに別にビニール袋を二、三枚もらい、それでがんじがらめにして、これで安心と眠りについたが、どうしてどうして、たゆまなく焚き続けられる香もかくあるかとばかりに臭いの放出は一向にとどまるところを知らず、息も詰まる思いで、夜中に部屋の外に荷物を放り出して、ようやっと落ち着いた。とうとう次の日に遠路を嫌わず、郵便局まで出向いて、留守宅に向けて発送したのである。

このプクサの根の玉を四つぐらい紐に通して風邪などのはやった時に子どもの首にかけてやると聞かせたのは、平取町より東の静内の其浦ハルさんである。さらにずっと東・釧路近くの徹別《てしべつ》で八重ふささんの聞かすのは、プクサの刻んで干したものを袋に入れて素肌の肩から斜めに紐で吊っていた。風邪の時、また肋膜、結核にかかった人もやる。首にからまると危ないので糸ではなく、布で縫った紐だった。よく男の子が引っ張ったりするので危ない。それからまたプクサでいえば、自分の八つの年に死んだ孫婆さん（曾祖母）の家ではカヤ屋根の五、六ヶ所にプクサをさしておくものであったと教えた。

これはさしずめ戸口のまよけに当るものだが、家のぐるりにさし巡らせた方が完璧な守りになったのは当然だ。

# 葱

私の今住むところは秩父の山の中の一軒家である。もとこの部落は八軒（もっと古くは十二軒）あったそうだが三十年近く前、過疎化の波の激しかった頃にみんな下の町に下りて、その後に私は逆流した形で住みついた。今もって車が入らないという不便なところで、そんな山暮しを哀れんでか、時々自分の空き家を訪れる一家がしきりに食品の差し入れをしてくれ恐縮する。豆腐やら油揚やら、魚やらだが、その贈り物で不思議は葱が添えてあることである。たいていがビニール袋に入れてある。

その一番上にのっている時もあれば、中身を出した後の袋の底に残る時もある。はじめ私はてっきり葱を入れてあった袋を使ったのだ、または葱の束を一緒に運んでまぎれこんだのだと思ったものだった。葱は一本ままの折もあるが多くは半切りだったり、緑の葉先ばっかりだったりするからである。

しかし、これが二度、三度と重なればどんなぼんやりした人間にも、それが偶然などではないことが悟られる。とうとう尋ねたら奥さんの幸子さんが笑っていう。

「おかしいようだんべえが、このあたりじゃあ、魚っ気人にやる時には、葱入れていくだんよ」

ここはもと浦山村といったところで、界隈では辺鄙で名の知られたところである。それで古い慣わしも残ったかと思うと、この風は秩父の町中にも広く行われているらしい。これより前、秩父で面倒を見てくれた井上夫妻が訪ねてくれた。土産は、おでんの材料でそれをあけながらに「なんだ葱を入れて来なかったじゃねえか」とやや非難の声を奥さんにあげていた。あれもおでんの一部に煮るための葱ではなかったのだ。

葱は折々のまよけに用いられている。福井の小浜市滝谷では風邪がはやるとニンニクか葱の白いところを戸口に吊しおくのだった。滋賀の信楽《しだら》町（現・甲賀市）でも葱を紙に包んで吊っておけば風邪をひかぬというし、和歌山の本宮町（現・田辺市）発心門では、子どものはやり病よけなどにヒトモジ（葱）を根ごとぶら下げたり、横に吊ったりしていた。

「ニンニクか葱」というのを見てもわかるように、葱の役目もこれの臭いにあるようで、その点ニラもまた共通である。熊本の俗に五家庄といわれる泉村（現・八代市）の椎原《しいばる》では、悪病の人の見舞になど行く時はニラか葱を食べて行けばいいという。五木村でなどはニラ一品が選ばれてあり、はやり病や結核の人のところに行く時はニラを揉んで懐に入れるか、耳の裏にはさんで行く。「夏は悪い病気がはやるのでニラ汁やラッキョウ食べるもん」ともいい、どこの家でもニラを植えているという。

葱の風変りな使い方は、正月の標縄《しめなわ》に吊されることである。新潟の十日町市の山間部、控木や長里では、標縄は恵比須さまにだけ張るのが多いのだが、その標縄の両側に葱を五本ずつとか二本、また一本ずつとはさみ上げる。縄の中央部にはマスを一尾つけるのである。

このあたりはわけても雪深い地だが、野菜なども雪の下に囲い、それから掘り出して使うので、葱は青い部分は失せてしまって白い茎ばかりになっている。それを根つきのままで用いるのだという。

これが節分の標縄に見られるのは茨城県霞ヶ浦の出島周辺である。ここでは節分の標縄に赤い唐辛子と、木炭と、ヒイラギの葉と、そして葱をはさんで家の入口に張り渡す。標縄ではないものの、鰯や髪毛と共にいぶされ、また串にはさまれて戸口に立てられるのは広い地域である。

　しかし節分以上に広い登場を見るのは一般にコトと呼ばれている二月八日、十二月八日の行事である。これも節分やら節句のようにほとんど月ごとにあるモノ祓いの行事であるのは間違いないところであって、まあコトとは、よけごと、祓いごとのコトと理解すればいいのかも知れない。この日にも節分とほとんど同じ行いが重ねられるのである。

　栃木の南部一帯では両八日ともに葱を屋内で燃焼し、庭に放り出したり、串にさして立てたりし、目籠を竿に立て、また木の葉さらい用の大籠を庭に伏せる。鹿沼市草久《くさぎゅう》でシノさんやとしさんなら、串には豆腐と唐辛子と葱をさして家の入口三ヶ所ぐらいに立てるのだ。

　ここでも強い臭いを持つ一族の邂逅《かいこう》が見られ、葱ではなくてニンニクが指名されているところもある。同じ鹿沼市原ノ山ではそれでこの日の行事をニニクヨウカと称するほどなのだが、ニニク（ニンニク）粒と豆腐を串ざしにしてトンボグチ（入口）にさす。茨城の北部、大子町外大野《だいご》では、同じように串ざしするに、ニンニクがなかったら葱を使うといっていた。大子町一帯、またこれに続く福島の南部もニンニクと豆腐を串ざしにしてニニクドウフと称しているから、コトの串ざし、また目籠を掲げる風は北にももっと広がっているのだろう。

九州牛深市《うしぶかし》の「コトドン」は、日にちが決っていなかった。「きつか風邪のはやってばい」といってはコトドンがはやって来たというのだから、年中の行事化する以前の、より原初的なものだったと思われる。当日、なにをするかといえば小豆めしを炊き、それからどうでもラッキョウを用意しなければならない。冬などでラッキョウが見つからない時は、多く漬け込んでいる家をさがして分けてもらったりしたとは、河野さんの話であった。

私などが子どもの時分、風邪をひいたとなると首に真綿を巻かれたものであった。四角の真綿を何枚か引き伸ばしたのをくるくる端からまいて棒状になったのを首に添って一巻きし、後ろで結ぶ。私の家でなどは真綿ばかりだったが、ていねいな家ではこの中に葱を一本あぶって入れてあるのである。そうしたのは傍に寄るとぷうんとにおいがした。子ども心にも葱をあぶった当座なら温める助けもしよう。後ではかえって冷やす方にばかりに傾くだろうにと小賢しく思ったものだったが、今になって考えれば、あれも間違いなく風邪の神をよけるためになくてはならない品だったのだ。

栃木の粟野町下永野で聖子さんは、風邪の時には葱焼いたものに生姜をすってまぶし、手拭いに巻いて首にしばったといった。生姜の臭いも葱といい勝負である。

『食の俳句歳時記』（岡田四郎編、梅里書房）には葱の出てくる次の一句があった。

塔台の裏窓一本　葱吊す（古館曹人）

これも食用のそれではなく、お守りの役についてる葱だったのだろう。

# 杉

ありていにいえば、私には杉のまよけの性が奈辺にあるかわからなかった。よけごとの行事の中に杉はしばしば登場するのである。それでヒイラギやタラの刺あるものの例にかんがみ葉先の鋭いところにあるのだろうと一人勝手に思い定めていた。図鑑に「鎌のような」と葉先の条を例えるごとく、焚きつけにするに子どもの時から何度でも泣きを見ていたからでもある。

だが、ニンニクをはじめとする臭いもまたまよけなるを知って考えが改まった。杉も並でなく、臭い木ではなかったか。

私たちは、色にも、音にも、味にも、臭いにも敏感ではなくなった。作りなされた、それらの溢れるばかりの中にいるからである。でも、それも大して古くはなく、たいていが戦後はじまったのであって、それ以前の、体に染みついているようなそれらを持つ人も、まだ多くいるはずで

ある。

子どもの頃、祭りや運動会には出店が出てトコロ天売りもたいてい店を張っていた。一人のおばあさんが売るくらいの店である。注文をすると天突きで一、二本ついて、それに一升びんに入った酢じょうゆをざぶざぶかけてくれるのだが、その一升びんの口には青杉葉がさしてあった。これだと逆さにして振っても出過ぎることがないのである。そしてその杉葉は、新しい折がことにそうであったのか、子どもには、ちょっとばかり辟易するほどの、ただいま杉の森を抜けて来たばかりのようなきつい香りであった。

家や学校の男便所の小便所の口に杉葉を転してあったのは、記憶にとどめている人が多いであろう。古くなったら時々新しいのと代え、新しい時の杉葉の臭い立つさま、本人が忘れてもきっと体が覚えているはずだ。

また、線香にもこの葉を材料にしているところがある。これもその臭いにものをいわせたのであろうか。

その杉葉の行事への登場のしかた。

岩手の海岸沿いの村々では病気がはやった時に杉葉を門口に吊す。以下のようなやり方である。

久慈市の南にあたる野田村新山では風邪がはやった時、ニンニクとナンバン（唐辛子）、杉葉それに赤飯を杉葉に添えてしばり、キト（門口）に吊しおく。

一つ南隣の普代村鳥居で下屋敷ハルさんはこんなにいう。

杉のまよけ

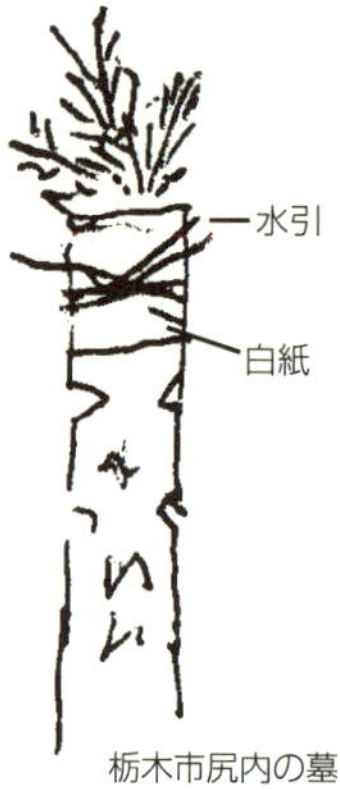

栃木市尻内の墓

「松・杉・ヨシに豆しとぎ一つを添え、キトの両側に結びつけ『悪病もみな通りましたが』という。自分の二十四、五歳まではやっていた。シトギは豆をあっさり煮て潰したのに米粉少しまぜる。鳥がとって食う」

当地では馬を放牧していたので屋敷まわりに高い栗の木の柵を巡らせてある。キトと呼んでいる門口の両側にも柱のように立っているのである。これより海に近い黒崎で下道トメさんも「悪い病気は通ってってたすけ」と唱えるところは同じ。「寄んないで通ってけろていう気持だべ」といった。

釜石市唐丹《とうに》になると吊す品が少し変り、はやり病が出たなどというと大急ぎで杉とナンテンとを戸のぐちに吊る。それに五つになる位までの子どもは豆どうし（フルイ）に入れてふるい落とす真似をする。このフルイに入れてふったり、箕《み》に子を入れてひりだしたりする呪《まじない》は、麻疹《はしか》・疱瘡《ほうそう》の折に全国でなされる呪法である。

杉と南天を吊るいわれについて話し手のキミエさんは「なんでもなくすぎた」の判じ物だといった。（当地では何でもないを何でもないという）。こうしたいい方はよく聞かされたもので、少し北の、松と杉とヨシを立てる田老町《たろうちょう》（現・宮古市）摂待《せったい》でも「まづすぎてよし」というのだと教えてもらった。苦笑する他のないものいいであるが、呪物の種類を覚えこんでおくための便にはなったはずである。

人に物を贈る折には、のしといって生臭をのせたり、葱をのせたり、火と紛《まが》う唐辛子を添えたりする。岐阜の板取村（現・関市）岩本のかねじさんによれば、人の死後七日までの間に「きちゅう見舞」といって、ぼた餅などをついて、はんぼに入れて行く。その餅の上に青い杉葉を添えていくという。

千葉房総のあたりでは、これは祝いの折だ。大網白里町北今泉の一人の婦人がいう。

「七つ子に里にかごもちといって籠に入れた大餅担ぎ贈る。籠は山形に縄で網目にかかり、その真中に杉葉さす。ババサマ（仮親）には七つなるまで二升がます（風呂敷包みの米二升）届ける。その結び目に杉葉さす」

白浜町（現・南房総市）浜宿のハルさんがいうのも同じようで、子・はじめての正月・それから節句・七つなどにババサマに招ばれるのに二升がます（風呂敷包み）に杉葉おっつぁして行く。また建前《たてまえ》（の祝い）に、親子・兄弟から俵で米がくる。その時もさん俵の隅に杉をさしてくるという。

広い地方にみられるもので、村の出入口に縄を張る行事がある。伝染病がはやった時とか、また一年の内に日を決めて道の上に標縄《しめなわ》を張る。丹後半島伊根町のあたりでは、この縄の上に杉を見る。菅野などでのやりようは正月八日に村人が集まり、から藁（打たない藁）で標を綯《な》い、ところどころにシキビ（シキミ）と杉枝をはさみ、村の出入口の木に張り渡し、また一緒に作った藁の獅子も木に吊す。各家にも同じようにシキビと杉をはさんだ小さな標縄を張り、こちらは戸口に張るのである。この縄張りをハリキリウチだといった。

隣の滝根になると杉の形が違った。一抱えもある杉葉の玉を作り、藁の獅子と一緒にして村入口の木に吊り下げたという。杉葉を玉にするなど特別な例ではないかと思うと、これより東北に当たる峠部落にもやっぱり杉玉が下げてあったという。コトと呼ぶこの行事の日に若い衆が集まってやる仕事だった。

〝杉玉〟と聞いてある姿を思い浮かべられた人は多いであろう。酒屋の店先に吊された巨大な杉玉である。よほどの量を使うのに違いない。一まとめにくくりつけた外側を平らに刈り込んで美しい玉の形にしている。正月に新しい玉に替えられると、それからしばらくは盛夏に薄衣を見るような清々しさを味わうものである。これも間違いなくまよけなのだろう。

なぜこれが酒屋にばかりかと言われるかも知れないが、酒はきわめて微妙な食品であった。生きた菌を扱うのだから当然だろうが、理由もわからないようなほんのちょっとしたことで、仕込んだ樽一つが酸っぱくなったりする。酸っぱい酒では一合でも売ることがならないのである。

以前の人はこんな味の急変、また物が饐《す》えることなども、悪い物が手を差し入れたと見たようだから、いきおいまよけを厳重にしなければならない。

酒を仕込む職人、杜氏《とうじ》にもその点厳格な物忌《ものいみ》がある。その一つが縄帯である。酒の仕込風景は毎年テレビにも出るようでハッピの腰に締めた縄帯に気付かれた人も多いであろう。唄にも「酒屋男にどこがよて惚れた。昼は縄帯縄だすき」とうたわれる。この縄帯、また時には縄襷《たすき》の姿は、人の死の折、最も忌のかかる死人に手をかける湯灌人《ゆかんびと》の格好とまったく共通である。

天草上島の北端、有明町（現・天草市）大浦の浜崎さち子さんは、こちらに宿を与えてくれた方である。その彼女が教えた。

「酒が酸ゆくなった時は、その後二度でも三度でも酸ゆくなる。そんなときは瓶《かめ》を杉葉で洗えば良かち」

やっぱり杉は、刺《とげ》よりは臭いが問題視されているのだ。彼女がつけ加えた。

「杉山の下を潜った水でなきゃな酒は出けんちいう」

# ヒイラギ

# ヒイラギ

節分が邪霊・災厄を祓う、つまりまよけの行事だということに異をはさむ人はないであろう。「鬼は外」との唱え言葉もあるために、これは誰にもわかりやすい。私にいわせると正月も、節句も盆も、一年にある行事はすべからく祓いの行で、ただこのような「鬼は外」のことばがなかっただけとみるのであるが、それはここではおく。

節分には家中に臭いを満たす鰯を焼き焦がし、または毛を焼いたり、葱を焼いたり、それに加え、門口にはヒイラギを立てる。ヒイラギの葉は縁が六、七本の針型に引き伸ばされ、葉質じたいが厚く堅固に出来ているものだから強力な刺となっている。戸口からうかがう鬼がこれで目を突いて、「あいたた、あ臭《くしゃ》」というのだそうだが、それで名前もオニノメサシ（三重県亀山市安坂山）、オニノメツツキ（奈良県十津川村内野、三重県紀和町〔現・熊野市〕小栗須）、オニノメツキ（和歌山・

奈良）の称をもらう。目ばかりでなく鼻も突くのだろう。三重の白山町（現・津市）福田山ではハナツキ、十津川村五百瀬ではフングリツツキである。

一方これにはネズミノハナサシ（徳島県木屋平村（現・美馬市）川上）とか、ネズミノハナツキ（同県東祖谷山村（現・三好市）菅生）の名があるが、これはじっさいに鼠よけに用いられるからで、鼠の登る柱に、または横木に、鼠の来る方に葉先を向けてしばりつけておく。

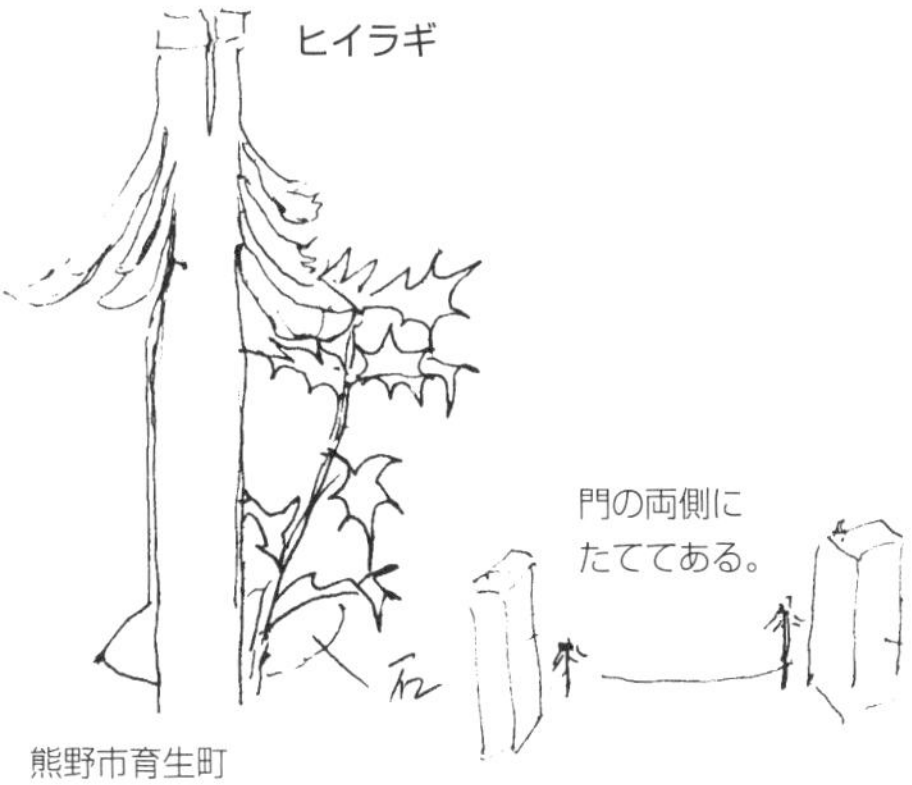

熊野市育生町

ヒイラギはよく家の入口近くに植えられる木である。北にはこの木は少なく、目にするようになるのは茨城のあたりからだが、県南の霞ヶ浦周辺の村々では門口に一本仕立てている家が多くあり、そうしている理由を「悪いものが入らないから」、「まよけになるから」と教える。

西に進むごとにこれは多くなり、全村ことごとくというところだってある。奈良県十津川村五百瀬でも家ごとに一本は植えているとのことであった。もっとも話し手の中南さんの家にはないそうで、「ないのは家《うち》だけだ」といっていた。

京都の和束町五ノ瀬のあたりなら植える方角がほぼ決っていて西鬼門・西と南の間あたりにメヒラギを置くと説明する。この木にヒイラギとメヒラギと二種あり、ヒイラギは葉が丸く、刺のあるのがメヒラギだという。

こうした方位も含めて、神事にかかわりのある神人たちの宣伝の力による部分もあったのだろう。愛知の設楽《しだら》町田峯という山の村でも庭にある何本かを目にしたが、加藤周太郎さんの話に、このあたりでなにか不幸があったりして家や屋敷などを法印さまに拝んでもらうと、よく「ヒイラギ植えておかっさい」などということであった。

ヒイラギがどれほど効き目があったか、言葉だけでもよく相手を制する例が次である。

鳥取県の赤碕町（現・琴浦町）という、海の傍の町の町うちではいちばん奥深くに入った大父の部落で前田屋榮《やえ》さんたちは、口中で唱えるのだった。

うねは八つ　谷は九つ　戸は一つ
わが行く先は　ヒイラギの里

うねや谷を幾つも越える遠いところだと牽制しておきながら、たどりついたところは「ヒイラギの里」ととどめを刺す。

ところで節分に持ち出される刺木の類はヒイラギの他にも何種かあるのだ。

カヤ（榧）はクリスマスに飾られるモミにもよく似た木である。ただモミは枝先が二股に分かれ、触ってもどうということはないが、カヤは先端で一本の針と化している。その針も、細く鋭く、まるで絹針のようだから、うっかり触れれば飛び上がるのである。

このカヤを節分に使うところが、福井から京都・鳥取・滋賀などにある。ヒイラギがないからというのではないのであって、それが証拠にヒイラギもカヤも両方使っている土地がある。滋賀の甲賀町（現・甲賀市）のあたりももっぱらこれで、たとえば鳥居野では、豆の木（大豆柄）にはさんだイワシに、カヤ（榧）とイタイイタイ（ヒイラギ）をつける。

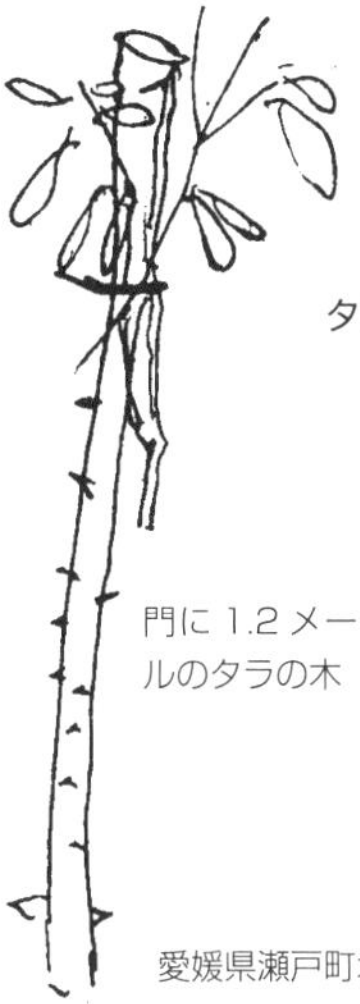

タラの木

門に 1.2 メートルのタラの木

愛媛県瀬戸町塩成

オニノメツキは他ではヒイラギをさすのが普

通だったが、同町唐戸川でならオンノメサシと呼ぶのがカヤなのである。門口にはオンノメサシと豆木とヒラギを挿す。丹後半島の亀島でもオニノメツキと呼ぶのはカヤの方であった。

島根や山口、九州などで登場するタラもある。福岡の地ノ島白浜でだったら、一メートルから、一・五メートルにも及ぶダラ（タラ）の木を二本、戸口の両側に月いっぱいぐらいにわたって立てるのである。このタラこそは鬼の金棒のように幹全体に猛烈な刺を生やし、刺あるものの中では最大の凶器で、正月からはじまって節分以外の年中行事の中にも幾度となく顔を出すのだ。

それからタラとひけめをとらない山椒もある。鳥取と島根、広島と三重県にまたがる山間地帯では、節分の夕飯はイヌザンショウの箸で食べる。これは山椒と違って食用にならないから犬なのだが、刺だけはサンショウをしのぐ。どこにでもある木ではないので日頃から目をつけていて取ってくる。どうでも要るもので鳥取県日南町小原でシゲヨさん（明治四十一年生れ）はうっかり用意を忘れ、提灯を下げて取りに行ったことがある。それが出来たのも日頃から場所を見定めていたからだと語っていた。

もちろん刺は落とし、割ってざっと削るが、でこぼこして使いにくい。しかし、後からは普通の箸に代えてもいい。最初だけはサンショウ箸を用いることで、御馳走のそれぞれに箸をつける。

まものが口をつける前にそれをするのだという。
臭いものや物騒な刺に身を近づけたくないと思うのは、人間ばかりではないのだろう。

# 水字貝

掌を甲高に伏せ、五指間を開ける限りいっぱいに開いて、その指がみんな先尖りの角になっているというような貝がある。名前を水字貝《すいじがい》というのは、張り出した角の形が〝水〟の字に似たというのだろう。

奄美大島に一歩踏み出した時からこの奇妙な姿の貝には気づいていた。やたらと目に入るのである。家の前の門柱の上に、家の正面をさえぎる形に置かれているヒンプンと呼ぶ石垣の上に、庭に入れば、庭木の根元に二つ、三つ、木の股にのっけても一つ、縁側にも、玄関の下駄箱の上にも、あるいは干し竿を渡す柱の高みに吊してある家もあった。

変った形の貝だから、それで珍重してなんとなしに寄せてあるのだろうとはじめは思った。しかしそうではないことに気づかされたのは島の西海岸、大和村戸円のとある一軒で玄関上に貼ら

れているのを見た時である。わけても立派な、形も大きく、角も七本ほど揃え伸ばしたものを、角の何ヶ所かを針金で支え止めて、入口真上にあたかも紋章のごとく掲げられているのだった。

驚いて庭のむしろの上でソテツの実をこなしているおばあさんになにかと尋ねれば
「ヤドマブリャア」

と答える。他にもなにか話してくれたのだが、こちらにはさっぱり言葉が通じないのである。ヤドマブリャアの意味だけは辛うじて「屋戸守り」とわかる。こちらでは、家の玄関がヤドで、「やど入《へえ》れ」などというから、「入口守り」でもあるらしい。

この貝がお守りになる資格はもちろん見事な角にあるのだろう。この地にいたる以前に通った名瀬の小宿や根瀬部で名前を
「ひんじゃ（山羊）」

と教えたのも、その彎曲した角の形を山羊の角に見立てたのだ。大和村より南に下った焼内湾に沿う宇検村芦検や宇検の部落では家の軒に紐で吊っている家も何軒か見た。名前も前と同じヤドマブリャア、またヤドンマブリャアといった。

名前でいえば石垣島白保のヤドブレ、これなどもヤドマブリャアの略であるのに違いない。沖

永良部島でも戸口上に吊り下げてあるのを目にする。名前をこちらでナナチマブイと称するのは、角の七本あるのを特に効あるものとして守りにするからである。

沖永良部島《おきのえらぶじま》の隣にあって奄美諸島のいちばん端、沖縄も見えるところにある与論ではチヌムーとかチヌムームーの少し可愛らしい名前。「角牛《ちぬむ》ー」のことで、ムーやムームーは牛の子ども言葉である。曳いてあそぶ遊びもあるらしい。沖縄の国頭《くにがみ》村奥でもウシンナー（牛貝）と呼んだ。

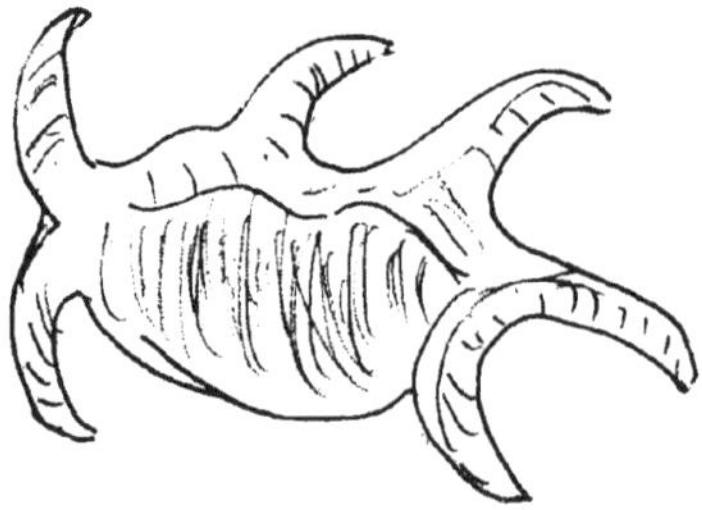

ヤドマブリャア（水字貝）

平戸市志々伎《しじき》町ではオニノテコボシ（鬼の手拳）という貝を「まはらいに家のかど（戸口）吊りおった」というところは同じだが、しかし、〝拳〟と形容されることからいうと、これは別の貝かも知れない。そのような貝が他にもまだあるのである。水字貝は平らに縁だけの角なのに、両縁の他に背中にまでまるで背ビレを立てたように刺の列を負っている。

下田市須崎や田牛という海の村でホウソウガイと呼ぶのは実物を見ているので間違いなく後者の類である。そしてこの名のあるゆえんは子どもがホウソウにかかって（今なら植えて）なおりかかった時、頭上にこの貝をいただかせ、汲んだ潮を笹の葉にひたして振りかけるからである。これをしないと、なおったと見えても再び患うという。

# 針千本とシャチ

刺がまよけにされている例ならまだまだ数多く挙げることが出来る。

まずいちばんは針の山の針千本。体いっぱいにふくらんで、それにくまなく針をつき立てているからまるで針の毬《まり》だ。針千本は、網にかかるともうこの格好になっているらしい。それを注意深く外して家の戸口のお守りに吊り下げる。

これを吊っているのは主に日本海側で多く見た。鳥取県佐治村（現・鳥取市）余戸で針千本をシジュウブクと呼ぶのはなんの意味だろう。二軒ほどで見たがその一軒、谷上政雄さんは「まおそれに下げてる」といった。師走の八日は荒れた日で、この日によく浜にシジュウブクが吹き上る。佐治村は海からは遠い岡山境にある村なのだが、魚屋などが持って来てくれる。同じぐらい内陸に入った関金町（現・倉吉市）泰久寺というところでも、「師走八日にはシジュウブクが上る」とい

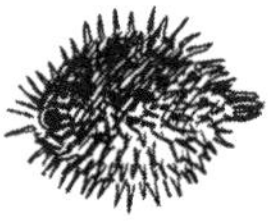

っていたから、このあたりはもっぱらその折の針千本がもたらされるものらしい。

新潟の山古志村（現・長岡市）という、これもはるかに内陸に入りこんだ山の村でも針千本を吊っていた。だが、海から遠いだけに稀少ではあったのだろう。ここの虫亀などでは正月の標縄《しめなわ》を一年中玄関に吊ったままにしておく。その標縄に針千本も吊るのだが、他の飾りは年ごとに新しくする中に、針千本だけは移し替えるだけにしたと、これは五十嵐いのさんの家の場合であった。

「コウコウブク入口吊せば悪風邪入らん」

と、その一つの理由を挙げてくれたのは山口県長門市通の村田アキさんだった。こちらでは針千本をコウコウブクの名で呼ぶ。いい折だったので針千本以上に恐ろしい刺を持つものが海にはもっといるものですかと和田さんに尋ねてみたら、シャチホコがそれだという。

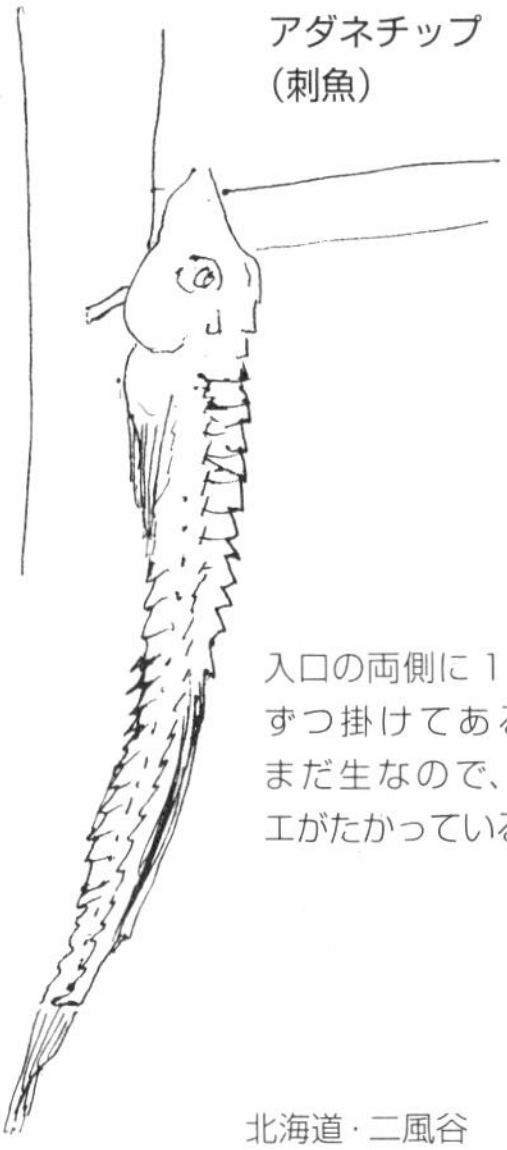

アダネチップ（刺魚）

入口の両側に１尾ずつ掛けてある。まだ生なので、ハエがたかっている。

北海道・二風谷

「シャチホコは黄金色に光っている。死んでも半年や一年は色が変らない。オロコはあるが堅くて庖丁も立たん。切れもん通らん、ひどい刺があって刺されたら痛い痛い」

そしてこのシャチホコもまた家の玄関に釘で打ちつけてまよけにした。戸口の上に泳ぐ形に横にして置いた。

九州対馬でも、島の北端上対馬町（現・対馬市）、南端の厳原《いづはら》町豆酘《つつ》とシャチホコをまよけにすることを聞いたから島全体の習なのだろう。滅多に捕れないが、網にかかった時は入口の上に打ちつけておいた。

上対馬町泉の宮原さんはこの魚の説明をちょっとすさまじくしたものだった。

「シャチホコは背に並んだ刺があり、カチ・カチ・カチ音をさせて、刺を何段階にも折りたたみ、また同じようにしてカチ・カチ・カチ・カチと元に戻す。背ばかりでなく顔にも刺がある」

島ではシャチホコをカゲキヨともまたベンケイとも呼んだ。

大阪城天守閣の黄金のシャチホコは、築城主の拝金趣味によるものとばかり思っていたら誤解だったわけである。小さな家内を守るには十センチ余のシャチでも間に合う。巨大な城一つを庇護するためにはあの大きさも必要だったのだろう。

# 猪

山の中を歩いていて心にかかる心配は、今突然に猪が現れたらどうしようというもの。私の住む秩父のあたりは近頃とみに猪が増え、どこにでも足跡があるせいでもある。鹿もいるが、これはどうともない。熊もよほどのことがない限り向こうで回避するらしい。ところが猪だけは盲滅法に突進して来る。これは近くに住む猟師の聞かせることだが、山の斜面を逃げる勢たるや岩の転がり落ちるに変らないという。牙も鋭く、下手な猟犬などは彼の頭の一振りで腹を裂かれる。こんな話を聞かされるものだから、もし彼の槍の進攻に見舞われたら、どうやって身をかわそうかと、飛びつくのに適当な枝振りを物色したりするのである。

　鳥取の佐治村（現・鳥取市）という岡山と県境を接する山の村で猪の足を入口近くに吊ってある家を何軒か見た。頑丈そうな爪のむき出しにされた足を短く切って足首のところを縄でくくり、

渡した横木などに吊り下げてある。二本まとめて吊してある家もあったし、一本ずつを二ヶ所に下げてある家もあった。昭和五十七年秋のことだったが、最近猪が増えて被害が増大、どこの家でも田んぼのまわりの猪垣を巡らせたとのことであった。

この年の旅は佐治村に近いところからはじめて西に向かい、九州と愛媛の南部で終った。猪の大顎を見たのは、山口市の少し北にある山口県川上村（現・萩市）江舟である。象牙色を帯びたひどく重量感のある下顎が、中にある牙を下に向けて覆いかぶさるように戸口の頭上にあった。

猪の足に再び出会ったのは、九州熊本の人吉市西端の田野である。その折はもう三月二十日になっていたのだが、猟期はまだ終っていなかったのだろうか、捕ってまだ間もないような太った足が縄の代りに針金でしばって戸口の上に吊してあった。その家の元田さんにうかがえば、ここは戸数二十二軒のうち猟をする家が十軒ある。その猟師の家ではたいてい吊すし、また他の家ではもらって行って吊る。まよけになるといい、今でも四、五軒では吊ってあるのを見るなという。

足ばかりでなく、鼻だって役に立つらしく元田さんはこんなにも語った。

「先頃猪とった時、村の一人が鼻をもらって行った。蝮《まむし》に噛まれた時、その鼻先で撫でればよかげな、吊しておけばかちんかちんなる。猪は七おおど（峠）、七さこ（谷）駆け戻って来ても蝮を食うという」

猪が蝮を好くかどうかはわからないが、蛇、ことにも災をなす蝮は、まもの、悪神の姿変えたものととられているのである。

そういえば、前に聞いた奄美大島でのハブに関する話も思い合わさる。大和村戸円のウメさんがいった。

「猪《しし》はハブを食う。それでハブの腹を裂く時ニギ（牙）が入ってるから素手では扱うな」

さて人吉市から川辺川に沿って遡った深い山中の五木村では可愛いまよけの法を聞いた。足や牙と違って使われる部分はしっぽ、それを子どもの背中（着物の背）につけてやるという。猪のしっぽは豚のそれとは違って真直、短く細く、長い毛に覆われて半ばから先は毛ばかりになっている。それをちょん切って乾かせば肉ごと骨ごとかちかちになるので、針で貫いて綿入れ袖なしなどの背に縫いつけてやる。主に冬にやることで、この期はことに風邪などの病気が多いからであろう。「元気に育つごと」といって付けるのだという。また野々脇の和田さんなら、「はやり病につける」といった。野々脇から白岩戸、下谷

猪の足

熊本県人吉市田野

猪の下顎

山口県川上村江舟の金子さん宅で。

とどの部落も同じことで、この辺では猪を捕ったというと、「うちの子にもくれてくんさい」といってしっぽは大概もらわれる。

「あん子も猪《しし》かろうとる（背負っている）」

と人々が見るものだと。

吊された足や牙は、猛き猪を象徴していて、その凶暴さで相手を退けようとするのであろうが、このしっぽだけはそれらと少し類を異にするように思う。「犬のこ、犬のこ」と犬に名を借りたごとくに、猪の子に紛らせてしまおうというのではなかろうか。

これには一つ類似する例があり、北海道芽室《めむろ》のアイヌの人たちは幼子の帽子に兎の耳をつけた。帽子の材料はアツシ織、細長い巾を二つ折にし、後ろばかりを縫った。防空頭巾の小型のような帽子で、冬ばかりでなく、虫が食うので夏も通してかぶせていた。きぬさんたちはそのてっぺんに短く切った兎の耳を二本縫いつけておいた。耳でなければ爪（足先）でもよく、錐ででも穴を開けてプラプラ下げる。爪なら一つでいいとのことであった。

三重県尾鷲市九鬼では熊の両手先を吊してある家があったという。なんといっても熊の脅威は猪の及ぶところではないのだ。

栃木の鹿沼市古峰原では熊の爪（手首ごと）と鷹の爪と両方を一つにしばって入口に吊した。岩手の宮古市小角柄《こづのがら》でも鷹の爪を下げたことを聞いている。天から来たって、時には人の子までも掴み攫う鷹への人々の恐怖も並大抵ではなかったのである。

# スベリヒユ

# スベリヒユ

スベリヒユをご存知だろうか。畑に多い草で、草の中では稀に見る肉厚の葉をし、ただし、その葉は爪ほどばかりの小型。一本の根から四方八方に茎を広げ、先々で枝分かれし地表近くを横に這う。日照を好み、あんまり欲張って照射を受けて日焼けを起こしたような赤い茎をしている。よく家の庭先や石垣縁などを埋めているのを見かけるマツバボタン、あれと似た類である。葉も茎もたいへん滑らか、肌がよくてすべすべしており、スベリヒユの名はその性を言っているのだろう。

茎は赤いのに地下の細根は白く、これをしごけば真赤になるので子どもは根をしごいては

ごんべごんべ　酒のんで赤くなれ

よっぱらい草　よっぱらって見せろ

と遊ぶ。それでスベリヒユにはヨッパライグサ、ノンベグサ、サケノンベグサの名も多い。そんな遊びはしなくともこれを食べたという人なら多いかも知れない。茹でておひたしにすると、ゆるやかな粘りがあって喉越しもよく、わずかに酸味もあってちょっといける。そう毎度というほどではないが、つぼみを持つ前の柔々と広がり伸びた時期のを二、三度食べるのはいいものである。

百姓にはしかしこの草は敵であった。他の草なら一度抜いてしまえば降参する。ところがスベリヒユだけは抜いて置けばそこで身を伸ばし、また打ち抜いて他に移せばそちらで生きるという風で枯れることがない。これは葉一枚からさえ根付くのである。沖縄の人は籠に背負っていって海に捨てるといっていた。また、当地では憎らしいほどに茂ったこれらを車道に放って車に始末を任せている場面にも何度か会った。

スベリヒユの強情さ加減は各地で次のようないい方で語られる。

「三年垣かけちょいても枯れん」

「雨が七年降らんでも枯れん」

鹿児島の入来町《いりき》（現・薩摩川内市《せんだい》）中須で中島ミイワさん（明治十九年生れ）ならこういった。

「昔はかま土でかまどを造った。そのかまん縁《ぶつ》に三年塗りこめられても喉乾かんじゃったと
ヒイが言ったげな」

スベリヒユにヒデリグサの名も各地にあるゆえんである。

昭和四十六年、私が旅をはじめるようになった最初の年に茨城県の北端大子町《だいご》でスベリヒユの大株を家入口の頭上に吊しあるのを見てあっけにとられた。家から出てきたお婆さんに聞けば、これを下げておくと蠅が入らない言い伝えだという。それで家入口に吊らない家でも馬屋、牛の小屋に吊してあるところは近所に何軒もある。名前もこのあたりではハエトリグサと呼ぶのだという。

当時私は子どもの遊びを集めていて、他の民俗に面向けることもなく。ましてまものの世界になどは近づいてもいなかった。

はじめは、この草にはなにか蠅をよける成分が含まれているのだろうかと馬鹿なことを考え、次いでとんでもない迷信だ、まだこうしたことを信じている人たちがここにいる、救い難いと思

ったことだった。

ところが、その後旅を続ける間にこの風習が驚く広さにあることがわかった。なんと、広島の北部でもハエトリグサの名前である。美土里町《みどり》（現・安芸高田市）助実で山藤さんは
「戸口の外へ吊しときゃ蠅入らんといって吊っておいた」

隣鳥取県日南町佐木谷では、吊り下げておけばハイブンブ（蠅）よけになるというので、名前もハイブンブグサ。もっともこれを話してくれた坪倉さん（明治四十二年生れ）は、そう聞くからやってみたが利かなかったと、実際的な観察を話してくれる。同じく鳥取のこれより北になる溝口町（現・伯耆町《ほうき》）細見では入口によく下げていたといったが、その理由が「蚊が入らん」というのだった。さらに北に進んで海の傍の中山町（現・大山町）塩津になると、名前がバアズ（坊主）グサと不思議なものになる。戸口に吊し置き
「わるかじが入らん」

と。わるかじは魔風だろうか。この風に逢うことによって諸々の病気がひき起こされる。

これと似た理由をいうのは徳島県一宇村（現・つるぎ町）白井のすぎえさんである。

「名前はわからないけどカマツカ（露草）と並んで枯れにくい。大株になったのをお爺さんが

軒に吊しおった。わる病ならんといって一ヶ月しても青かった」

九州天草半島の松島町（現・上天草市）内野河内のあたりでもスベリヒユは戸口に吊りおいた。

「難よけに」

という。土用の丑の日に引いてきて吊ると語る人もある。

土用の丑の日といえば北の山形でも耳にしていた。県南の小国町市野々《おぐにまちいちのの》で高橋ふくえさんは言った。

「ヒョウ（スベリヒユ）土用の丑の日に取って、拍子《ひょうし》いいようにといい入口に吊しておく。一年間置いといた」

「夏負けしないといってヒョウ入口さ下げておいた。精強くて夏うち下げても死なね」

こういうのは市野々《いちのの》と同じ川筋・叶水の嘉六さん。また直ぐ隣の大石沢でみさをさんも

「暑さ負けしないといって夏一度ぐらい食べる」

といった。

暑気・泥棒と盛り沢山であったが、それらはたまさかに名を借りられているだけで、芯の芯にひそみ居るのがもっと別なものであることはいうまでもないであろう。

なぜスベリヒユがそんなにまものに強いのかといえば、百姓が手をあげたごとく、死に難いからであろう。力を尽くして向かってくるものと、それを迎え撃つものとの勝負は力関係で決まる。いくら波状攻撃をかけても、根を切っても、身を刻んでも、それでも死なないということは、やって来るものの力がこれには歯が立たないということで、つまりは「モノの負け」となるのである。

スベリヒユがまよけ物なることを知ってからはじめて私は思い出した。山形で私たちもこれには関わりを持っているのだった。スベリヒユを戸口に吊すことはしないが、その代わり正月に是非とも食べるのである。それだからどこの家でも夏の頃これを干して貯える。

この時期は雨も多く、スベリヒユの太い茎がなかなか干上がらずにその内カビが生えたりして厄介なのだが、それで駄目にしたら近所で分け合ってまで正月の膳に欠かさないのである。（他の干物類と同じ扱いで水に戻し、煮つけにする）

これも正月の他の食品同様身の内の祓いだったことようやくに知る。

玄関に吊したのは家の守り、食べたヒョウは腹中の守りだったのだろう。

＊

これを書いていて気づいたことがある。ヒョウという東北の私どもの不思議な名前、語源の知れない標準語のヒユ、日照に強い「干る」であったようだ。

# 翁・媼

旅をしていると家の形、屋敷どり、屋根を葺《ふ》く材料、棟押さえの形など、土地によっての変化が現れて、単調な想が破られ、疲れが一時まぎれたりする。

屋根の形といっても今では藁《わら》屋根も板屋根も見ることはごく稀になって、ほとんどは瓦葺きになっているのだが、それでも屋根のてっぺんに、大いに存在を主張するようにして掲げられた「水」の字の美しさを比べたり、あまり感心しない意匠の紋章の飾りつけを見たりと楽しめるのである。

瓦葺屋根の角になるところ、寄せ棟の合わさる部分には押さえの瓦が軒近くまで張り出している。その切先をやや面積を広げて平らにし、その先端に翁の面型が張られているのを見たのは鳥取の東伯郡《とうはくぐん》三朝町《みささちょう》であった。面型の瓦の地はいずれも黄土色や肉色で、それで妙に生々しさを感じさせるのだが、屋根全体も黄の勝った黄土色が多かったのだから、それと対になって焼かれているのだろう。翁の表情も一様ではなく、枯れきったような老人の面もあれば、人間臭く、くだけた黒尉面《じょうめん》に似たものもある。

この時（昭和五十六年）は鳥取市から直接バスで三朝町に入った。もし途中も寄道をしているなら翁瓦に出会っているのかも知れない。三朝町から西に向けて海岸沿いに赤碕町《あかさき》（現・琴浦町）、東伯町（同上）、中山町（現・大山町）と歩いて、そのどこでも同様の屋根に出会っている。この一帯では広い採用があるのだ。

翁の面型を掲げるのは、床の間に高砂の翁嫗《おきなおうな》を飾るように長寿にあやかって家のいや栄を願うものであろうか。もちろんこれらを屋根に掲げた人たちの意図はそこにあったのだろう。

しかし、ただそればかりとは思われない。この翁の面の掲げられた場所は、他の場合なら鬼瓦の置かれるところである。眼を剥き、大きな牙を突き出し、威嚇の表情で頑張っている鬼瓦が、避邪の趣旨で置かれることは誰でも認めるところであろう。鬼瓦の他には巴型が同じ面を埋めることも多い。卍《まんじ》にも似たこの巴も避邪の形象の一つなことは知る人ぞ知るである。。

沖縄に行った人なら誰でも屋根のシーサー（獅子）に出会っている。こちらは鬼瓦のように消極的な取付け方ではない。塗りこめるのでも、埋めこむのでもまたない。家の真正面、屋根の中央に台までしつらえて、まるまる全身で納まっている。大口を開け、相手にとびかかるいまわの際の躍動の表情を瞬間的に固めたような、素朴で力強い、じつにいいシーサーらがいる。独特の低い屋根、重量感あふれる赤瓦と、その間を埋める漆喰の白との波打つコントラストの中に、この見事な獅子らは、只今空を跳んで守りの位置についたという格好なのである。

シーサーも鬼瓦も空から来るまものに向けられたのだろう。とうぜんといえば当然のこと、モノらはとかく空を行き来する。屋根上のお守りが巾を利かすゆえんである。こうしたまよけの仲間には、刃を外向けて立てられた鎌があり、城の棟には身を躍らすシャチホコがいるし、キリスト教の教会は多く鋭角のとんがり屋根で、それだけでも右の趣旨を充分現じていると思われるが、さらにこれもまよけの形象十字を伸ばし立てている。

年を経たもの、老人が確かにまよけになっている例もいくつか挙げることが出来る。

子どもは死にやすいものだったから十重、二十重のまよけの垣を巡らされている。以前の子はお守りを身につけない者はいなかった。そのお守りも今のように寺社のお札などがなかったのだから、まよけの木を槌型にくびらせて背中にくくりつけるとか、大豆（節分に使われるように避邪の効ある）を縫いつけるとか、まよけに強い赤布や赤糸を縫いつけるとか、ニンニクを下げるとかである。

加計呂麻島の薩川では、生れ子に着せる初着《うぶぎ》の背中には、赤布で三角袋を縫い、その中に米三粒と、村で長生きしている人の白髪をもらって入れてつけて置くのだった。同じ島、西海岸の阿多地でもこれはまったく共通で、白髪と米粒を入れたお守りはハベラ（蝶々）と称し、縫い付けた初着はずっとそのまま着せておく。

初湯《うぶゆ》にも白髪の登場が見られる。愛媛の宇和島の南、内海村（現・愛南町）家串や、隣、津島町（現・宇和島市）大浦では、たらいの湯に長生した人の白髪三本ぐらいと鼠の糞三つ、四つ入れて湯を浴びさせる。

生れて直ぐに浴びさせられる初湯というのも洗う目的よりは禊《みそぎ》の色濃厚なもので、鼠の糞ともあったごとく、普通の人なら閉口する。刃物を入れたり、燠《おき》や焼火や箸をジュッといわせたり、塩を振るのはごく当り前、蜂の巣を浮かせたりさえするのである。長命者の髪毛も、これら呪物の一つと断ぜられよう。

老人のまよけたるゆえんは、前の章のスベリヒユにも準じ〝死に難い〟ところにあろう。死に難

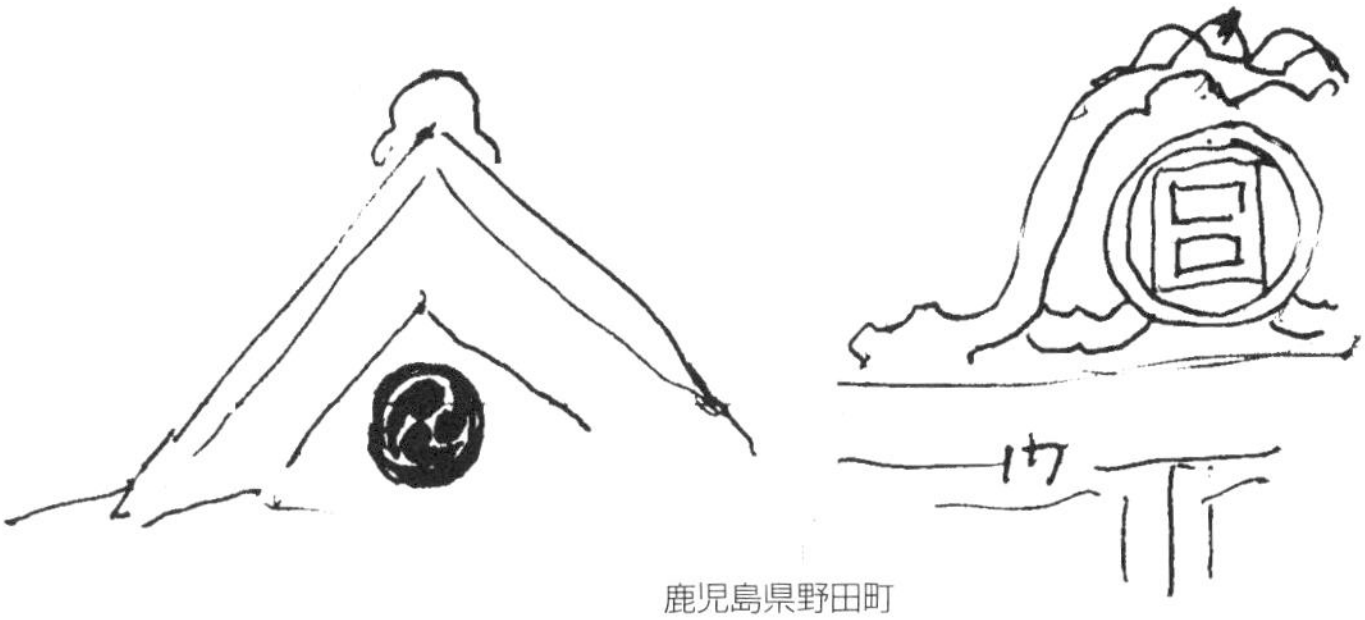

鹿児島県野田町

いとは遠慮のないもの言いで、いいかえれば、生《せい》また精《せい》の強さとしてもよい。

この人たちも他の多くの人と同じようにモノの攻撃にさらされて来た。天災・地変に会い、息の根を止められそうな場面に会って来た。けれどもこの人たちは何度でも立ち上った。とうとう「モノの負け」というところである。何度やっつけても立ち直られるのでは、これは攻撃をしかける方がいやになる。あの年寄はもう近づくのも嫌と、モノをして忌避させているかも知れない。そこが狙うところ、彼等を盾にしてまんまとモノの目をかすめようとするのである。

これは現在にもやることだから、目にされている方も多いであろう。玄関先に貼った半紙に墨で手形を押し、傍に「八十八歳・何女」などの名を入れたものだ。その文字中にあるように、これは八十八歳の年祝に際して、客に招んだ親類縁者に、祝われる当人の手形を押して贈るもので、もらった家では家入口に掲げることになる。

私はこれを旅の間に何度も目にして、あんまり度々なものだから、どの地方だったかとの記録さえ取っておかなかった。なにしろ近年では、八十八も稀ではなくなり、違った手形が四、五枚も連ねて貼ってある家さえあったのである。

もっとも正直にいえば、珍しくないから心に止めなかったのではなくて、これの意図するところが見抜けなかったからなのだが。

しかし、今はもちろんこれも盾であったことがわかる。白髪を乞うたように、こちらから求めるまでもなく。長命者の方から身を分けて魔に強い力を親しい者たちへの贈物としたのだ。考えてみれば贈られた手形を家の内に納め置くでなく、玄関先、しかも外側に向かって掲げるというのは不思議な仕方ではあったのである。

# アワビ



九州方面では度々アワビの殻を吊ってあるのを目にした。それがたいてい鶏小屋や牛小屋だったのがおかしいのだが、壱岐ではことにこれが頻繁だった。鶏小屋に一つ、また二つ一緒に吊り下げ、これをイタチよけだというのである。「ユタチ（イタチ）逃げるけん」と。島では、以前はほとんどどこの家でも鶏を二、三羽飼っていたという。今はそれが珍しいようになって、ごく稀に軒下などに小さく囲っている家があり、それらに寄ると、金網の目に、また戸口の枠に紐でくくられたアワビ殻が見られるという次第なのである。

この風はもっと方々にあり、平戸市志々伎《ししぎ》でも鶏小屋に吊ったのを見たし、三重県尾鷲市三木里でも、イタチよけといって鶏小屋に吊る。天草半島の有明町（現・天草市）大浦のあたりでは「蛇来ん」といういい訳で鶏小屋に吊り、また家まわりにも人によって「吊りおらした」と聞く。

同じイタチが相手ながら、佐賀県嬉野町《うれしのまち》（現・嬉野市）でなら池の鯉に変る。ここの両岩《もろいわ》の部落では池を囲む岩の上に、また岩と岩との間になど、光る内側を外に向けて二つ、三つのアワビ殻を置いてある家があった。

けれどもイタチや蛇よけというのはよほど疑わしいので、これは牛小屋にも置かれるのである。佐賀の富士町（現・佐賀市）日池では、牛小屋入口に吊しおき、こうすれば牛の病気にかからないという。はじめにいう壱岐では、牛の病気がはやるとアワビ殻にベンガラを塗ったのを戸口に吊るのだった。

鶏同様、牛を飼うことも、壱岐ではすっかり減った。昔はやはりどこの家でも飼っていたそうで、牛はいなくなっても小屋ばかりは残してある家がある。その一つで私はアワビ殻を目にした。古い小屋の作りは多く次のようだった。家の並びに、土手を削って石垣を積んだのを後ろ壁とし、両側を土壁で固めてある。その壁の中に、豪勢な大きさのアワビ殻が、光る内側を外に向けて埋め込まれてあるのだった。

アワビ殻は鶏や鯉や、牛のためばかりかというと、その仲間には人間も加わる。

鹿児島の阿久根市から天草にいたる途中にある長島では、立派なアワビ殻を一つ、家入口正面に吊ってあるのを見た。新潟の山古志村（現・長岡市）種苧原《たねすはら》という内陸の村でもそれをする家があったというし、岩手から宮城にかけての海岸筋でも大きいのを選んで戸口に吊っておく風が広くあった。

右の領域に入る岩手の普代村羅賀《らが》では子どもの夜泣きにもこの殻を用い、屋根のてっぺんに光る殻の内側を外に向けてのせおくのだった。当地はこば葺屋根が多い。そのこばに貝殻の端をちょっとはさむ。これを話してくれた中崎三郎さん（明治三十七年生れ）によると、よくこうしてある家があるので、そっちでもこっちでも屋根上でアワビ殻は光を放っていたという。

夜泣きにアワビ殻を出すのは島根の海の傍平田市（現・出雲市）周辺でも広くなされることである。こちらは屋根ではなくて玄関先に吊る。しかし、他の形もあり、同市釜浦の周藤さん（明治四十五年生れ）はアワビ殻と、それからサザエ殻とを子の枕元に置いたそうである。これで「ほんになおった」と、幸せな結果を聞かせた。またこちらでは、麻疹《はしか》にもこれを吊る。「麻疹《はしか》はやって来たけん、早うしなきゃあならん」といって、家の子どもがかかる前に急いでアワビ殻を家の戸口に吊った。同市地合ではこの時アワビ殻の中に「麻疹《はしか》は逃げました」と書いたし、塩津では「麻疹《はしか》すみました」と書いたという。アワビ殻それ自身への認識が薄れ出すと、新たに言葉による力も加えたくなるのである。やはり日本海側、山口県萩市大島では、風邪をよけるといってアワビ殻の光る方を外に向けて玄関先にかけるのだった。

数ある貝の中で、アワビ貝の特徴はその殻の輝きの大きさにあるのではないだろうか。前に紹介した岩手で夜泣きに貝を屋根にのせる件を話してくれた中崎三郎さんが、こんな話をしてくれた。

「アワビ貝ほど殻輝くものない。アワビを大釜で煮、中身を出した後に釜底に真珠が残る。丸かったり、長かったりし、大きいのは指輪にする。三越だかにこれを出した時、自分も一つ指輪にして持っている。夜など電灯の光に触れるとピカーッと光る。煮たアワビは干して出荷した」

『浜の風土記』(小島俊一著、トリョーコム)にあるこんな子どもの囃子《はやし》唄も、アワビ殻を特別光るものと見なしているからだろう。

てんてこ寺の　小僧っこが
浜べさおりてきて

アワビ貝コ　めっけぇで
かねだとおもて
とんだり　はねたり
ころもの袖を　ぶっつぁぁだ

光るものといえば、すでに鏡がある。死体の上の守りとされ、棺にも納められ、墓の守りにもされ、また妊婦の帯にはさまれて災をはじき返すまよけとされる。鏡の入手が稀なる昔の人々には、アワビは鏡と同じ用で使われるものだったのではなかろうか。以前の金物の鏡は、よくよく磨き上げればどうかは知らないが、目を凝らしてぼんやり映るような代物だった。輝きだけを問題にすれば、むしろアワビの方がはるかに頼りがいがあったのではなかろうか。

# 櫛

子どもの頃はよく喜んで物を拾った。労なくして品物が手に入るのだからこんな得をした気分になることはない。もっとも小さな村で品物じたいが乏しいのだから、さしたるめぼしい得物もない。せいぜい消しゴムか、ちびた石筆《せきひつ》や鉛筆、ボタンか足袋のこはぜぐらいなもの、なにしろ親たちは手拭一本落しても三、四キロの道のりなら引き返すのを嫌わないのである。

その中に櫛だけはわりと頻繁に拾った。母親たちの頭にさすベッコウ色はしているが多分セルロイドの、頭に添うように彎曲した薄っぺらな物である。女たちは頭のてっぺんに一まとめに丸くした髷《まげ》を結い、それにこの手軽な櫛をさすのを常としていたから、落す率も多く、それに荒っぽい仕事にかかわるから落ち易くもあったのである。

拾う櫛は歯がたいていい何本か欠けている。それだからなおすべり落ちるものだったのだろう。

拾った櫛はもちろん子どもの使う型ではないので母親に進呈をする。たいていの場合、母親の挿しているものの方がましであったが、それでも拾い手の意に報いるべく、一、二度は自分の頭から櫛を抜いて比べ、隙間の少ない方を採用した。

ところで、他の物はなにを拾うについてもこんなことはなかったのに、櫛についてのみは不思議な制約があった。手に取る前に三度踏みつけるというのである。いや、たしかにこればかりではない。櫛は拾うものではないとされていた。けれども、踏みつけた後ならばその禁忌《きんき》は解けるというのであった。その故だろう。櫛を拾う折には一時のためらいと、生き物のようになびく黒髪との連想がなされて、陰気な薄気味悪さが伴った。

昭和五十年に訪れた淡路島で、私たちのいうのとまったく同じことを聞いたので驚いてしまった。北淡町（現・淡路市）の富島というところで河野ちか（明治二十二年生れ）さんが「櫛拾ったら苦労する。拾う時には蹴ってから」といったのだった。

このずっと後、九州天草半島南端の牛深市（現・天草市）吉田で河野てるさんからもこう聞いている。

「櫛は拾うもんでない。もし拾う時は踏んでからか、そうでなければ手に取ったのに息を吹きかけてからにする」

櫛がある種独特な性格を有するらしいとは折々に思い知らされていた。瞼に出来るモノモライをなおす呪具として櫛はどこでもかしこでも持ち出されたからである。これには、その材料まで、ツゲの櫛と問題にする地方もあるのだが、そうした櫛を火に炙って、または畳をこすって熱をもった櫛の背をモノモライに押しつける。岩手の田野畑村島ノ越で明治十八年生れのモンさんの場合は、櫛をもって髪を梳くような形にモノモライをいろりの火に向って梳き落すのだった。

そうこうしている間に、とうとう櫛のいわくをうかがい知る事例に出合うことになった。山梨の、東京との境の丹波山村では葬式から帰っての祓いに縄跳びのようにして縄を三度またぐという珍しい行をする。そして、女はさらに次のことをする。用意してある櫛で一、二度髪を梳き投げすてる。次の人はそれを拾って同じ動作を繰返す。それだから普段は投げ櫛するものでないという。

これは数年後伊豆の新島でもまったく同じに聞いている。ナツさん（大正十一年生れ）によれば、葬式から帰ったら塩と櫛が出してあるので塩を振って髪をとかすしぐさをする。これは現在でもやることだといった。

『東祖谷山村誌』にも

「女は櫛で髪すき（葬式髪にしている）、後手《うしろで》で次の人に渡す」

とあった。

「箒」と同じなのである。箒がものを掃き出すその機能ゆえに祓の具にされた。櫛も梳いて塵・埃を落し去るごとく、悪いものを祓いよけるとされたのである。

万葉集に

櫛も見じ屋中《やぬち》も掃かじ草枕
旅行く君を斎ふと思ひて

というのがある。また、『海之信仰』（須川邦彦、海洋文化振興株式会社）には、「旅だちて三日がうちは庭をはかず櫛を見ず」というくだりがあった。

客が去った後、また家人でも家から出た直ぐ後には箒は使わないとしたのと同じことで、追い祓ってしまう機能のある櫛を遠ざけようとしたのだ。魂と違って肉体を持っている生身の人間では、箒の穂先に掃かれ、櫛に祓われる心配もなかろうと思われるけれど、本来肉体と魂は別々にあるもの、しかも二者の連結は完璧なものではなくて、時々魂は体から浮遊もする。まかりまちがってそんな折に箒や櫛の祓いの風に会うことになったら、永久に親しい者を祓ってしまう事態にもなりかねないと案じたのであろう。

日頃、箒や櫛などに祓いの行を託するの気持があまりの真摯なるが故に、見当違いになった折の被害の大きさを怖れるのだ。

# 箒の話

# 箒の話

八戸市から南に下った終の村・南郷村（現・八戸市）の人たちは、岩手県側の軽米《かるまい》地方をずいぶん隔りのあるところのようにいう。よくよくの用でもなければ、国の境を越えることなどなかったのだろう。南郷村島守で、以前産婆をしていた高畑せつさんは、迎いに来られて一度だけ軽米の山の村に行ったことを話した。三里を越すみちのりである。軽米にも産婆がいるだろうに、なぜこんな遠くまでと問えば、お産がとどこおって、神占いしてもらったらどこそこの産婆を呼べとあったのだという。行ってみたら村の女たち二十人ばかりも集り大騒ぎしており、部屋には箒が立ててあった。

結局産婦は初産で怖れるのに、まわりが騒いだので悪い方に行ってしまったらしい。女たちをみな部屋の外に出し、食事をさせて落着かせたら、無事産まれたそうだ。

産をする部屋に箒を立てる風《ふう》は、青森や岩手の他にも、全国各地にあるようだ。そしてよく人々は、箒の神様が来ないと産まれないのだなどという。けれども、これはいささか不安だ。産れてしまって、それから箒を立てるところもあるからである。信州の長谷村非持山では、産れると、普段使っている草箒を母子の枕元に逆さに立て、三日のうちこうしておく。

また、学問的に位置づけようとする人たちは「箒は神の依代《よりしろ》で…」などという。だが、これはもっと信用がならぬ。箒は人の死んだ折にも登場する。

我孫子市の下ヶ戸では、死体の上に箒をのせておいた。刃物でもいいけれど、箒をのせると体が固くならないから、どうせなら、こちらの方がいいといった。愛知の設楽《しだら》でも箒をのせるし、また傍に置く。岩手の釜石市唐丹《とうに》や、下閉伊《しもへい》の山田町では、死体を小さくしてぐるっと屛風で囲うのだが、そのてっぺんにはき(箒)をのせておく。こうしたところ以外でも、猫が死人を越すと立ち上るので、その時は箒で叩けばいいとは、どこでもよくいう。

以前の人は、死ぬことを、ある眼に見えないものの仕業と考えたらしい。いや、死ばかりでなく、病も怪我も災難もすべてこれらが引き起すものとみた。このものは、新潟の六日町や十日町のあたりでならマドウモンというが、おそらく行きどころなく、妬と怨を抱いて、宇宙空間をさまよい歩くものなのだろう。それだから人々は日頃、これに取りつかれないよう、魅入られぬよう、慎しみ、祓い、まつりをし、繰返し繰返し、モノよけのてだてをして生きてきた。しかし、死において、モノはとうとう勝をしめる。それまでの漠然とした存在から、現実に死人の傍に姿現わしたのであるから、死の折のモノよけのわざにはひたぶるなものがある。

死体の上に刃物を置くのは、このモノよけの一つだ。これは今でもやることだろう。近ごろ東京で親しい人の死に目に会ったが、胸の上に小柄がのせてあった。棺に入れてからも出棺まで、その上にのっていた。田舎でなら刀の他に鎌や、鉈《なた》をのせたりする。まものは刃物をひどく嫌うらしいのだ。切れものという武器としてのためか、モノのもっとも怖れる「火」の中で生れた、猛々しいその性格であるのかわからない。

お産も、モノに特に狙われる折であった。この世とあの世の闇ざかいにいる生れたばかりの子も、力つくした母親も、やすやすとモノにとられる状態であった。この時も刃物の力を借りている。前の長谷村でも、山室のあたりでは箒ではなくて、産れると鋏をボコ（赤子）の枕元に、一週間ほどおいた。宮城の志津川町（現・南三陸町）戸倉でも、産れると小刀を傍に置き、「たますい（魂）入れる」といった。陸中海岸島ノ越で明治十八年生れのモンさんは、子が二つになる位まで、出刃庖丁コを自分の枕の下において寝た。子が夜泣きしたり、また寝ごという者などいると、庖丁であたりを突いたり、祓ったりしながら「なにが来た」、「なに寄った」と叫ぶのだという。

箒はこの刃物と同じ位置において、用いられているのである。掃くという機能から、ものを逐い払う、まじない的な役を負わされているのだ。そのため、箒についてのさまざまな禁忌《きんき》も生れる。たとえば家人が家を出る時、時たたずして箒を使うことを忌む。長野や新潟では、父親が家を出た時など、橋を渡らないうちに家の中をはき出すと、帰ってこられなくなるといったりする。箒を粗末にしてはいけない。殊に女がこれをまたげば産が重いなどと、根強くいい伝えられるのも、かんじんな時に働いてもらわねばならないからであろう。その点、箒を「神さま」と願った気持も、わからないではないのだ。

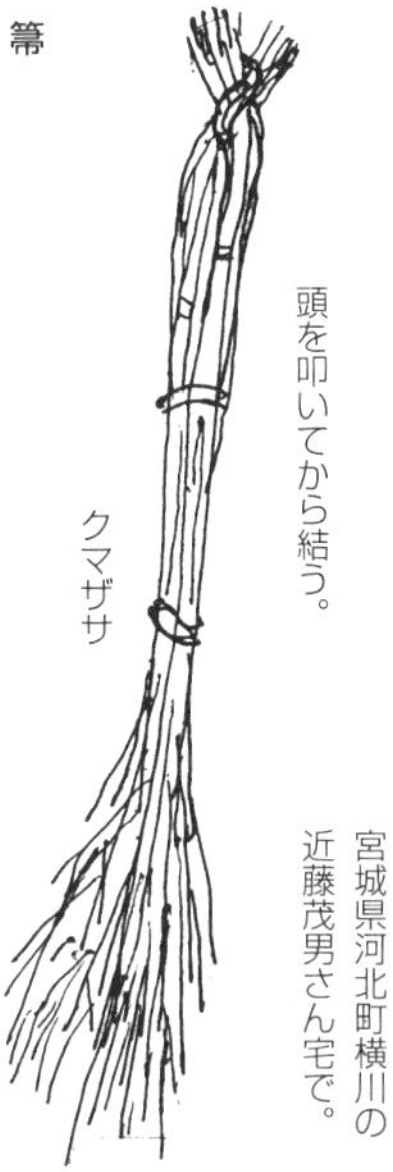

宮城県河北町横川の近藤茂男さん宅で。

箒

箒が祓の目的で使われていることが、葬式の折にもまだ多くある。棺が外に出されると、途端に掃き出すのもこれだ。たいてい藁を束ねたもので棺の置いてあった部屋を形ばかり掃き、大急ぎで戸を全部閉めてしまう。岩手の普代村や、宮古市では、棺が出たら直ぐに座敷を掃いて、掃いたなりに、箒を庭にぶん投げる。また、後手《うしろで》にして放り投げる。陸中海岸の島ノ越では、藁で掃き出し、それから炉の灰を一掴み外に向って投げつけ、部屋には塩をまく。久慈市久喜では、掃き出したあと、箒を一週間水を入れたたらいの中に逆さまに立てておいた。宮城の唐桑町では、モガキバラ（ノイバラ）を数本束にしたのを箒とするが、これは、掃くばかりでは物足りなくて、より相手の打撃の大きいものを採用しているのであろう。

モノは、目的を達したのだから、満足してたちさるものかと思うのに、なんに未練があってか、まだやり残したことがあるというのか、なお死体の近くにまつわりついているらしいのだ。

それで、葬列の通る道に面した家々や、また小さな集落では村全体が、すこぶる警戒することが必要であった。奄美大島のあたりでは、人が死んだというと、直ぐに門に竿を渡したり、クワズイモという、人が触るのをもいやがる草を置いたり、吊したりする。名音《なおん》ではこの時シマ（村）中が竹の箒を横にしておいた。他に、箒と竿をあぜて（交差させて）置くところもある。

このあたりも、出棺時に掃き出すことは同じである。それで常には「ほうけしゅん先には立とうな（掃く先には立つな）」という。私は、てっきり、こちらも払われてしまうからだと思ったが、その時の生勝のおばあさんは、「やしゃむん（いやなもの）の付くち（と）」といった。この人たちは、箒の先に追いまくられていく、やしゃむんの姿をまだ見ることが出来るのだろう。

一方、棺を担ぐ方は、もちろんなによりもモノよけに心砕いているのである。この先頭に箒がつくことがある。神葬の場合が多いらしいのだが、薩摩の入来町《いりき》（現・薩摩川内《せんだい》町）では「ほうき」といって、一本の葉つきの竹をひきずって行く。四日市水沢では、新しい庭箒を持った。宮城の唐桑町（現・気仙沼市）でも「おさきばらい」といって、二人が青竹の箒を持つ。

岩手の普代村や、田野畑村でなら、おさきばらいの持つのは刀だ。庭に作ったサンキという三本脚のものを切り放ち、抜き身のまま列の先頭を行く。この近くでは、葬列が出る時庭で、鬼剣舞《おにけんばい》をやるところもあると聞いた。

病も、不慮の事故も、はたまた作物に仇なす虫の発生も、すべてモノの手引きによるものであってみれば、俗にいう「病送り」も、「虫送り」も、その奥にあるのは、モノ祓いなのであった。この時も多くのところで、箒が持ち出され、人形が作られ、ただ追いやるばかりでは恐れあって弁当持たせ、法螺《ほら》を吹き、太鼓を鳴らして囃し、叫んで、これは、勢でおしまくってしまう。「東北民俗」十一号には、最上地方の病送りがのっているが、ここで珍しいのは、ある村では、人形を川に投げて帰った人たちが家の中に入る前に全身箒で払って貰うということだ。

この祓いの法は、アイヌの例を思い起させる。彼の人たちは、ヨモギなどを束にしたものを手に持って、タクサと呼んで、何かというと、身を祓う。葬式に墓から帰った折にも、てんでで草をちぎって、または、家の前で両手にとり持って用意している役があって、体の前も後も叩くようにして清める。家の外で死んだ者を中に入れる時は今でも厳しくすることだそうだし、気がふれたり、ものが憑いたりした時もこれをする。ヨモギは、この草が臭いからなのであろう。チクベニ（エゾエンジュ）というひどくいやなにおいの枝も使われる。またフレアユシニという、苺のなる赤い刺の木もタクサにされる。これなど、唐桑町のバラの箒とまるで一つだ。

箒は、時によっては、タクサなのでもある。またそれは神ごとで、さかんに振りまわされるところの幣束《へいそく》と一つ類《たぐい》なのである。

お産や、死の床の箒は屋内に立てられたものであったけれど、家の外で、家全体を頑固に見張るために立てられた箒もあった。

十二月にもなると、十三日とかに日を決めて行われる煤《すす》はきも、たんに屋うちの埃を払うというばかりでなく、大事な正月を前に、悪いものを追い払っておこうという心意なのであろうが、藁束を頭にしたなどの、特別作られた背の高い箒は、終った後外に立てられる。門の両脇にとか、庭にとか、雪のあるところでは雪の上に突きさし、正月終るまで、それともまた、春までもそうして置かれる。山形や、新潟ではこれを「煤男」、または「煤はき男」と称した。乱れた藁頭をして、闇に立ちつくす、なにやら頼りになりそうな箒だ。

西洋の魔女は、箒にのって空を行く。あれは掃き出されて行くところの図なのかしらん。

# 十字

十字というと、まずもって教会の屋根とか墓の上のものが思い浮ぶことだが、こうしたもの以外で、私がはじめて逢った十字というのは、赤ん坊の額にかくものであった。生れ子をはじめて外に出す時、または、幼児を連れての外出が夜間にかかる折には鍋底や五徳の墨を額になすりつけて、まよけとする。この時、点でも線でもなく二つの線を交差させ十、または斜めに×と描くところがあるのだ。

これはとりわけ東北に多い。先年、八戸《はちのへ》から宮古にかけて海岸側を歩いたが、そのあたりの村々でもずっとやっていた。たとえば八戸から南に下った南郷村（現・八戸市）江花沢では、生後百日ぐらいまでのあいだ、夜連れ出すにはヤスコといってヘスビ（鍋墨）で十を描き、その上に頭からすっぽりおしめをかぶせる。幼い子の夜行は忌まれているのだが、止むなくそれをしなければならない時にヤスコを描いて出るのである。また、そこからもっと下った野田村新山でも、夜出る時には是非なくヤツコを描き、おしめをかぶせ、「まのよけ」だという。宮古市小角柄《こずのがら》では、生後一年ぐらいは夜行のごとに、「なににも行きあうなよ」といってつけた。

これは内陸部の岩手町や二戸市《にのへし》、また南秋田にもあることだ。私がこのあたりを旅したのは、東海岸をまわったより、七、八年も前のことだったが、こちらでも、そのつける理由を「神さまにさわられないように」とか「化物《ばつつけ》にくわれないように」とか語っていたものだった。

十字

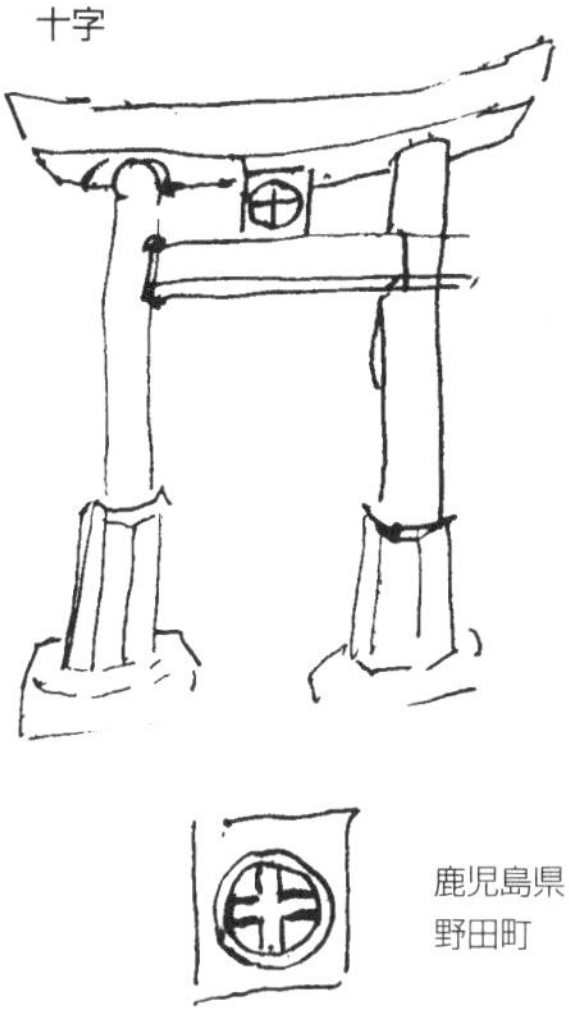

鹿児島県
野田町

関東から西になると、ただ点をつけるか、「大」とか「犬」とか描くことが多くなる。だが、そのなかにも、十字は少しずつある。滋賀県信楽《しがらき》町（現・甲賀市）の多羅尾では、宮参りの折に紅で額に十字を描いた。琉球圏では、ほとんど指先の墨を押しつけただけの印なのだが、与論島の城《ぐすく》では十字につけたという人もいた。墨を塗らないと、「ムン（モノ）にとられる」という。

私は当初、この十字の忌みを深く考えようとしなかった。二線を描いたのに大して深い意味はないのだろう。ありあまる願いの心が一本では満足しきれずに数を増すことになったのだろう、などと考えて自分を納得させていた。

けれども、そんな単純なことではとうていないことが、おってわかった。その他にも、いろんな場合でのさまざまな十字に出くわすからである。

沖縄の旅では、産育の折の多くのまよけの話を聞いた。子を産む際、産室のまわりには縄を巡らしたり漁網を張ったり、刃物やら弓矢を置いたりする。この時、宮古島の狩俣《かりまた》では、ギスキ(ススキ)の軸を十センチ位に切ったのを十字にあじて(交差させて)しばり、これをフシといって、産室の出入口や、窓に吊した。「やなむの(いやなもの)よけ」だという。

沖縄本島の東端、具志頭《ぐしかみ》(現・八重瀬町)で私はこの類《たぐい》を目にしている。ここで一晩泊めてもらった恩納さんのところは新築したばかりの洋風の家であったが、ここの玄関のドアの上に、なにやらぶら下っている。よく見るとちょうど子どもの作る風車のようにうまく真中で編んだ二十センチ近い十字形だ。こちらでは十二月か八月に、シマクサラー、またオニムーチ(鬼餅)といって、部落の出入口に厄よけの縄を張り巡らす行事がある。その折、サニンという大型の香高い葉で巻いたムーチ（餅）を必ず作り、食べたあとのその葉を二枚交差させてしばり、入口ごとに吊って一年中のまよけにするのだという。

奄美大島のそばの加計呂麻《かけろま》島嘉入《かにゅう》では、子が生れると直ぐに子の額に鍋墨を塗る。それから門に出て、地に棒などで円を描き、中に十字をかき、これで家の中に悪いものが入ってこれないという。

北海道に旅したのは一昨年だった。網走では、樺太から引揚げて住みついている少数民族のオロッコ人に逢った。アイコさんという五十年配の人に、子の額に墨つける風などなかったでしょうかと伺うと、東北とまったく同じように十字を描くことがあった。ただし、それをする折は少し違って、こちらでは、村に葬式があると赤ん坊から、上は十二、十三になるまでの子ども全部に塗りつけてやるのだった。また、子が夜泣きをする時には、臍に十字を墨で描いたそうだ。人の死の折には、ことにも怖しいものに取りつかれる心配があるらしく、終始

ウニムーチー

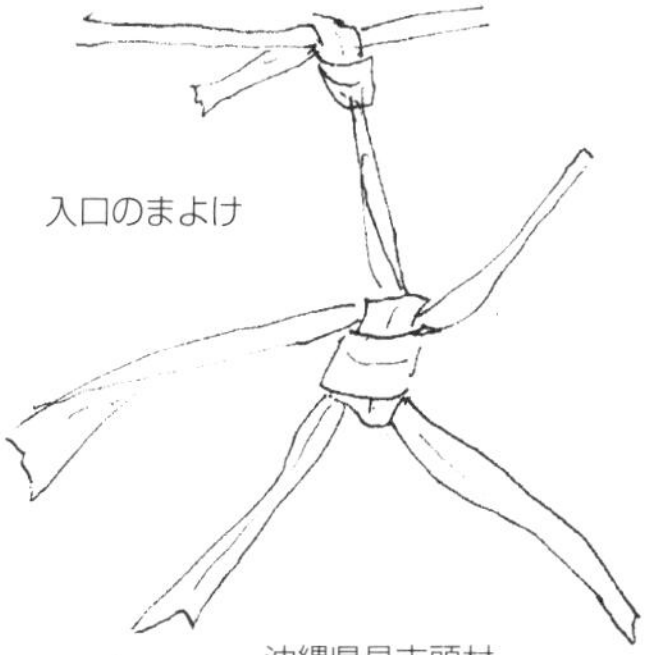


沖縄県具志頭村

まよけがなされるのだが、夜泣きも、そうしたものの子に災《わざわい》すると見て、各地で刃物を吊したり、火を灯してまわりを祓ったり、拍子木の音立てたりするのである。

人が死んだ時には、死体の上にまよけに刃物をのせるとか、また物を祓う呪意のある箒をのせる。ところが、これに十字を置くところがある。昨年訪れた岐阜の山間部の広いところでは、普段の用にもする丸削りのヒノキバシを十字に組み、紐でしばって死体の上にのせるのだった。納棺する時はこれも一緒に入れてやる。この風は石川県に入ってもまだあった。また、佐渡でも、死体を蚊帳《かや》吊って覆ったその上に十字をのせたという。

同じく箸を十字に組むことが正月にもあった。正月にはヌルデやら栗の木で特別の箸を作る。それで祝粥などを食べ、食べ終った後には、軒にさしたり、もぐらよけに畑にさしたり、また火に焚いてあたって、病気をしないといったりする。これも一種まよけの具であるらしい。長野の戸隠村（現・長野市）では四十センチほどの丈で中太に作ったケエノハシを、食べ終ったらそれぞれを十字に紐でくびり、茶の間やら、台所の屋根裏に投げつけてさし、「鬼の眼をぶつ」といった。

秩父の私の今いるところでは、オッカドノキといっているヌルデで作る。十五日と十六日とこの箸を使い、十七日には家族みなのを集めて。一ぜんずつを十字形に組んでしばり、勝手と座敷との境の鴨居に、矢来《やらい》のように並べさす。隣家のツユばあさんの父親は、「男が炊事場に入れないい、くねだ」といっていたというが、これも、塞《さ》えた相手が男などでなかったこと明白であろう。

　こうしてさまざまな十字に逢った。その一つ一つに出くわすごとに、私は、魔をよける十字の力はどこにあるのだろうと、考えこまざるを得なかった。どれほど見開いてみても、見とれるものはなに一つなかったのであるけれども。

　ところでここに、十字と似たような用途に使われ、形もそれに近いところのY字のものがある。これは、二つに枝分れした股木が利用されるもので、二股の先を短く、下に長くとると、ちょうどYの形になる。茨城や栃木ではこれを「犬卒塔婆《そとうば》」と呼んで三叉路とか、道祖神のところに立てたりするそうだ。私はこの辻に立つのは目にしていないが、岩手の北部、軽米《かるまい》町小軽米の墓にあるのを見た。ほとんど背を越す丈の、太くて頑丈なものであった。材料は栗で、それをあらかた角に削ってある。三十三年忌に立て

岩手県山田の大沢墓
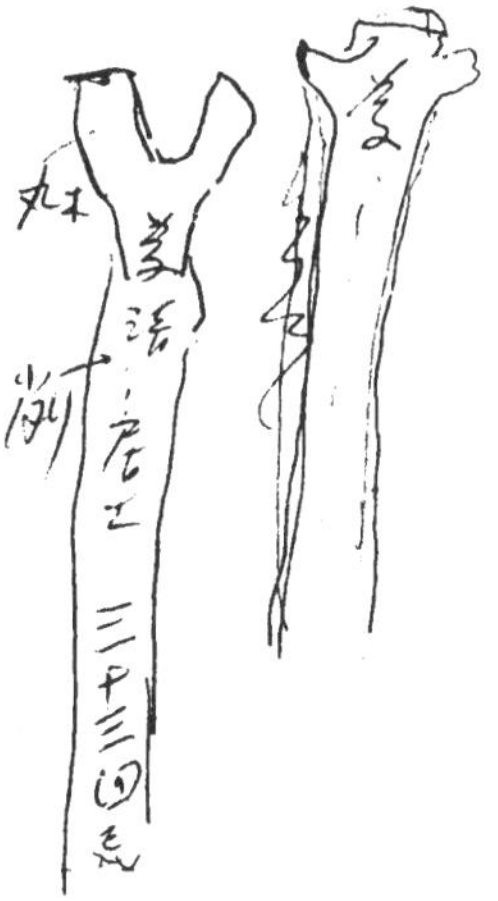

るものだという。

北海道の旅でも股木の墓標をいくつか見た。網走博物館にあるオロッコの墓標は直径二十センチぐらいの丸木に美しい線彫を施したものであったが、細い枝一本を短く残し、股木の形を成していた。

襟裳岬に近くなるあたり、山手の方にある小さなアイヌ村の墓標は、どこにでも見るような石碑を積んだものになっていた。だがそれと隣合って古墓もまだ残っていて、こちらに立つ木の墓標は、すべて二股であった。ずいぶん年経ているのだろうけれど、堅木を使っているのでそれほど朽ちることもない。よほど大きな木を使い、二股をほぼ左右均等に削り整えたものだった。

正月には、一年中の厄ごとをそのはじまりにおいて祓ってしまおうと、まよけの行にも大わらわであった。各地で、オニギとかオッカドボウとかいって、刺のあるタラノキや、ヌルデに呪を書いて門やら入口やらに立てる行事がある。新潟の最北、山北町（現・村上市）小股では、年越の晩にタラノキを二つ割りしたのに、「☆ 十二月」と墨描きしたのを家のまわりに立てたが、なかでも二本だけは、どうでも股木を用意し、これを家の入口の両側に立てた。

塔婆にしても、オッカドボウにしても、一本の方が用意をするのにずんと楽だろうに、どうしてわざわざ股木を求めるのだろう。なぜ二股の方が一本よりも魔をよける力があるのだろう。

それは、向って来る相手の力を分散させるためではなかったろうか。一本だけなら、そのまま通過もしようところ、二股のところで、視線も、また念力も二分される。Yにもう一本脚を加えたところの十の方は、さらにその効果が増すわけだ。

そんなおぼつかない手、と思われるかも知れないけれど、まよけの法とは、いずれそのようないたってささやかなものだ。姿のない相手に完璧な打撃を与えるなどということは出来ない。ただ、向って来る者の眼を惑わせ、一時心をはぐらかせば、それで上等とするのである。

さて、三節《ふし》に分れ、四つに交差するというと、路の三叉路、十字路にも心がいかずにいられない。こうした路の辻も、「神送り」と称して、迷惑なものを逐い払うための決った場所であった。麻疹《はしか》とか疱瘡《ほうそう》神送りというのも、近い頃までは律儀に行なわれたようであるから記憶されている方も多いであろう。私なども子どもの頃、山形の村でやったのを覚えている。どこの家でもやることだったから日が決っていたのだろう。なんでも雪のある冬の日、病気を祓うといって、一枚の半紙で家中の者が順ぐりに体をふく。それが終ると一すみを紙縒《こより》にしてそこに穴開銭を一枚通し、萱《かや》の棒にしばりつける。これを親にいわれて、村の中ほどの三方の辻に持って行って雪の上にさし、後を見ないで帰るのだった。

奄美大島の名音でやるカザマキ（できもの）をなおすまじないは、わざわざアズ（十字路）まで出向いて行なうという、念の入ったものである。十字路の真中で、本人の頭にサンバラという竹製の丸型の箕《み》をかぶせ、一人がそれを長い縄のついた藁の鍋つかみでぱちん、ぱちんと打ち叩く。この時問答する。本人が「ぬが打ちゆる（なにを打つのか）」といえば、打ち手、「カザマド打ちゅうつど（カザマキをこそ打つぞ）」。ぬくぬくと納っていたカザマキは、打たれる相手が自分だと知って、あわてて逃げ出すというかんじょうなのであろう。

十字の変形の鉤十字卍は、迷路のようにいっそう念のいった形象である。寺の屋根にはたいていこれが遠くからもよく目立って打ち出されている。なにかをよけようとすること、沖縄で屋根に獅子をのせるのと、また鎌を立てたり、鬼瓦をのせたりするのと変わらないのであろう。

寺の屋根ばかりでなく、土葬した上を覆う屋形にもよくこの符は書きつけてある。陸中海岸の普代村の屋形は、屋根を檜葉で葺いたらしいものであったが、これの四面に縦や、斜の鉤十字が一つずつ描いてあった。屋久島ではいちばん目につく正面てっぺんに、墨で✳が例外なしにつけてある。これは十を二つ重ねたもんのとも見ることが出来よう。

前に述べたオロッコの彫刻された墓標には、菱形でかこった中に、かなり大きな十字が目立った。また近文コタンの墓標は、最近新しく建て直したものだそうだけれども、そのどれにも、正面に斜十字が粗っぽく彫られてあった。

# 鍋をかぶせる

去年の夏は北海道を旅して、その帰り、フェリーの着いた八戸から、南に向かって歩いて下った。岩手県野田村は、久慈市から、少し南下した海沿いの町だ。ここの新山というところを通ったら、庭で稗《ひえ》打ちの仕事をしている婦人がいた。

このあたりの稲は、見るも痛ましい青立ちで、種もとれないありさまであったが、稗だけは、よっぽど冷害に強いのか、六分、うまくいったところでは七分の出来であるという。

ここで、珍しい風習を聞いた。外出先で、倒れたとか、気分が悪くなったとか、病を得て帰る時は、その者を玄関先にむしろを敷いて寝かせ、頭に鉄鍋をかぶせ、一人が箕《み》を持って数回あおぐ。

その後で病人を家に入れるというのだ。

この人は大正三年生まれであったが、ここに嫁に来てから、家族の一人が介抱されて戻ったことがあり、その時、姑がやったのを見たという。家にただ一つある鉄鍋は、大きく割れ目が出来てしまったけれど、また、こうしたこともあるもがなと、大事に取ってあるともいった。

稗の殻を吹くのだろう、傍に箕が立てかけてあって、そもそもこの箕から話に入ったのであったけれど、箕はさまざまな折にまよけに持ち出される、呪術的な代物だ。おそらく、この道具の、ものをひり出す機能から、悪いものを吹き払おうというのだろう。

以前の人にとっては、自然死というのはなかった。どんな死でも、また病でも、すべて、怨みと妬みとを抱いて、あの世、この世に惑い歩く、ひたぶるに荒々しいものの手によって起こると見ていた。

朝、元気で家を出た者が、よろぼう病人となって戻るなど、運悪くこうしたものに行き会ってとりつかれたものにつゆ疑いもなく、これらを、払い落として、つまりお祓いをして中に入れる必要があった。

私は、これを聞いた時、たちまち網走で見たモヨロ貝塚の人骨を思い浮かべた。そこの名ばかりの小さな博物館には、発掘のそのままの状態を見せるために、幾つかの人骨も移してあったのだが、その一体の、長く仰臥した形の、半ば砂に埋まる頭部に、鍋がかぶされてあった。底の丸みの部分は破片となっていたけれど、底には確か乳《ち》もある。今のものと大して変わらない鉄の鍋であった。ガラス越しに置かれた骨に、俄かに、生々しいほどの近さを感じたものだった。あの鍋も必ずやまよけのために置かれたものであったのに違いない。

このまじないの法は、他でも、案外と広くで行われていた。隣の普代村に入ったばかりのところの臼井では、外でせつなくなって帰った者は、上がり縁にねまらせて（坐らせて）おいて、魚鍋をあぶって熱くなったものをかぶせ、それから外に向かって箕であおいだ。

魚鍋というのに格別の意味があるのではないのだろう。鍋を熱するのは、同じ村の黒崎でも同様であった。ここでも、上がり端《はな》に腰かけさしておいて、鉄鍋を空炒りして、かぶせ、すんだら箕を逆さに持ってあおぐ。箕を逆さにするのは、以前のところも共通することで、こうすると馬鹿に大きな風が起こるのだ。

黒崎の片座さんのお母さんはよくこれをやってくれた。熱い鍋をかぶしてもらうと、あったまるせいか、不思議に気持がよくなる。悪い気分もあらかたなおったような気になる。それで自分は今でもやってやるという。

この後、次の田野畑村島ノ越になると箕であおぐだけになった。さらにはるかに下って釜石市の唐丹では、外で死んで来た者を家に入れる時に箕であおいだ。今は病院で死ぬことも多くなったが、その時もやっているという。ここで話してくれたキミエさんは、また少し南の三陸町（現・大船渡市）下甫嶺《ほれい》から嫁に来ている人だ。鍋の話が出たら、こんなことを聞かせてくれた。

「三年前になるが、実家の墓まいりに行ったら、一つの盛土の上に二升だき鍋をかぶせてあった。不思議なことなしようだと思って、寺のおばあさんに尋ねたら、その家では、代々事故が続くので、それをさけるには鍋をかぶせるがよいとてやったものだと教えた」

平生は、打ち捨て過ごしていても、ひとたび、事故死とか、急病とかの非常の場に立ちいたると、昔が振りかえられるのだ。三年前なら、まだその鍋もみられようかと、下甫嶺の墓を一つずつ見てまわったが、姿はなかった。

盆にでも片付けたかも知れないし、また石碑にでも変わっているのであろう。

# 潮の力

福岡の玄海町（現・宗像市）のあたりを歩いたのは昨年一月のことだった。前年十一月に家を出、鳥取から西に向い、山口で正月を迎え、下関からは汽車で福岡へ入った。玄海町では突端の鐘崎から小さな地ノ島に渡ったりしての帰り、玄界灘に沿う海岸線を八、九キロ南の神湊まで歩いた。地ノ島と並ぶようにしてある大島に渡るのに船はそちらの港から出るためだった。道のりの半ば過ぎほども無人のところを歩いてはじめて、洲の上に出来たような平らな江口の集落が現れた。私はこのあたりで少し話を聞いておきたいと思う。島での様子はだいぶん聞かされた。これからもまた島に渡ろうとしている。これらの島を向いにする地方《じかた》でも是非いささかなりと人と接しておきたい。しかしこの村は街道の両側に大きな家並を残しつつ仕事にでも出払っているのか全体人の気配がない。ようやく年寄のある家を教えてもらって二、三軒訪ねたが、それらの家もいづ

れも留守だった。

ところがそんなにしてまわる間に少し見慣れないものを眼にした。全部の家にあるというわけではないが、さりとて一軒だけというのでもない。玄関近くに小さな笊《ざる》を吊してあって、それに砂が入っているのである。笊はどれも小型のものだ。どこぞの土産品か、赤・黄色に染め上げたヘギで編んだ手つきの可愛いものもある。中で一軒では孟宗竹を短く切ったのを用いていた。またもう一軒の笊には細かく枝分れした藻が添えてあった。

たまたま家の前に出ていた、人寄せで忙しいという遠藤さん夫妻に砂のなんなるかを教えてもらった。「おしおい」というものだという。附近七つの浦々を巡って波打際の潮たれる砂を取って来たものだ。以前はてんでに行ったらしいが、今は年に一度村人が交替で車で行き、各家に配る。家々ではそのおしおいを一年中玄関先に備えおき、外出する度にその砂をわずかに身に振って出るのだという。藻のことも聞いた。砂でなく添えおいた藻を打ち振って身を祓う人もあるそうだ。それにこの藻は正月には必ず神社に持って上って供えるものだという。藻の名は問うたものだったやら問わずじまいだったやら。特定の名はなかったのだろうか。

次に行った大島も名前は同じ「おしおい」であった。波の寄せ来るところの砂をとり、身に振りかけるし、また毎月の一日には玄関から、ニワうちに振りまいて清める。私はこの後佐賀を経て博多湾沖に浮ぶ志賀島に行った。この島も用法は同様だった。ここのたかさんは「子ども学校行くにもしおいいただいていく」という。「どこに出るにもこれをする。それで誕生きたばかりのひ孫、外出する時にはしおいをさす」と。

　志賀島でも他の人はオシオイといったが、たかさんはシオイと呼んだ。オシオイのオは敬語なのであるらしい。最後のイはよくわからないが、多分はイワイ（斎い）とでもいうのであろうか。シオは当然「潮」で、これの本体は潮にあるのだろう。いちいち潮を汲むのは何かと厄介なので、それを身に含む藻やら砂が代理人にあてられているのだろう。平戸に向い合うようにしてある生月島《いきつきしま》でならじっさいに潮を汲む、竹筒に持ち手をつけた「おしおいたご」を作ってあって、毎朝これに潮を汲み、竹のささでおこじんさんと玄関と二ヶ所に振り散らす。壱部でこれを聞かしてくれた末永さん（明治四十二年生れ）は「毎朝やる、その家の年寄の仕事だ」といった。旅の終り方にまわった愛媛の三崎半島・瀬戸町（現・伊方町）塩成でもこれと同じようなことを明治三十七年生れのワカ菊さんが聞かした。こちらでは子どもが毎朝浜に潮汲みに行き、座敷から屋うちに柴《しば》で少しずつ振りまく。「どこの家も子どもの役」だと。

藻で身を祓うというのは、これより前、鳥取でも聞いているのだった。鳥取も終り方、日本海側の中山町（現・大山町）や名和町（同上）では藻の名をショウクサといった。潮草というのであろうか。ホンダワラをごくごく小型に優しげにしたようなものだ。中山町の岡ひでのさんがいった。

「しょうくさくんで来たら家の入口に打ちかけてある竹筒にいったん入れ、それから神棚から家の前の水神さまのところまでしょうくさ打ち振って祓った。とうには毎月一日と十五日にこれをした。しょうくさは葬式の時も使う。手伝いに出た村の者、終って家に帰る時にはしょうくさくんで、塩振るように体祓った。海から遠いこの奥の殿河内の人たちは代ア番《かわ》で『しょうくみ』といってしょうくさくんで帰りおった。十年前ぐらいまでは来ていた」

ここでしょうくさくんでといっているのは面白かろう。草とか藻とかならとるとでもいうべきところ「汲む」といっているのはこれも主は「潮」にあるからだ。それは前《さき》の「しょうくみ」の言にも現れていようけれど、また隣り町・名和町大雀の田中ハナさん（明治三十六年生れ）ならしょうくさくむのは「潮汲むかわりだ」とはっきり言い聞かした。家を建てる折の地占めの場合などにはじつの潮を汲んで来て地に撒いて祓う。またハナさんたちは神社にお参りするにも必ずしょうくさくんで上るものだった。これを打ち振って拝み、終ったら扉の格子やら釘やらにひっかけて帰るという。神社に潮を供えるところはよくある。平戸島の最西端の野子などでなら願成就には細い竹の一節間に切ったのにおしおい（潮）を入れ、二本ずつ継いでお宮の灯籠などに吊してくるのだった。

奄美大島では砂や藻にあたるのは「塩」だった。どこに行くにも「しゅうばれえ（しお祓い）」といってましゅ（塩）を身に振ったり、舐めて出る。私が旅する間も裸足になってからでも手の届く縁側や玄関先に塩を置いてあるのをよく眼にした。こちらの山にはハブがいる。それの難に会わないためにも、ことに山行きなどには欠かさない。家から出る折ばかりでなく、少々を携えて行き山に入る段になってまた振ることもする。近年は山での危険に代って車を運転する人などは引き返してでも塩を身に振って行く。事故も、山でハブに打たれることも災厄はすべて荒ぶる魂、モノがついて起こると考えられているものだから、塩をもってその寄りくるところを塞えようとするのであろう。

葬式に塩を使うならこれは全国にわたるものだ。おそらくたいていの人は経験しているであろう。葬式から帰ると、喪家の入口に人が立って塩を振りかけてくれるか、またはてんでに我が身に打ち振ってそれから屋《や》うちに入る。人の死も当然のこと前《さき》にいうモノによる災厄の外ではないので、というよりもその最悪のものなので大きに祓が必要なのである。

この塩も元は「潮」だったのらしい。海傍の地では葬式の帰り浜に降りて身を洗ったというところは多くある。ところが近年は立派な着物を着るもので浜降りて足ぬらすこともなくなったし、水際も遠くなったりで簡便な塩ばかりですますようになった。たとえば奄美地方でも今は塩が多くなったが、少し以前までは「しゅうあめ（しお浴び）」、また「しゅうばれえ（しお祓）」とて会葬者一人残らず浜に降りて足先海に入り、潮をはね、額などなでるのだった。前に紹介した鳥取のハナさんたちも海に下り、途中つまみ取って行った木の葉や竹の葉で体に潮かけた。家には塩も用意してあるが、海降りた人はもう必要がないという。

けれども大勢が簡便なる「塩」へと移行した中に、なおどうでも「潮」をと海水に執着する人たちも少なくないようだ。私は一度まざまざとこれを思い知らされたことがある。三重の度会郡度会町といったら、きわめて山深いところで、南の海側より能見坂という峠を越えて行く。道は登りな上に急な曲りの折り重なったところで、その山道もなんとも長く、私は歩ききれずにトラックに乗せてもらったのだったが、そこの最初の村、南中村で聞くに、このあたりは葬式の他に正月に家中に潮振っての潮祓を行う。それで一升びんなどを携えてこの遠路・悪路をわざわざ海まで潮汲みに下りたというのだ。正月などは汲んで来たものを少しずつ分け合ったりして使ったらしい。明治二十八年生れのぜんさんは、自分の三十歳頃まではこれをやっていた。その後は水に塩入れたのでするようになったという。

同町和井野は南中村よりなお奥に入った地で、ここからでは能見坂を越えるよりは東隣り、南勢町（現・南伊勢町）の海の方が近くなる。近くなるといったってこれまた前者にまさる大いなる蛇行の山道で、私の足で小一日かかったところだ。人が死んだというと、ここでもまた「潮かきに行く」とて二、三人連れ立って山の道を往復した。南勢町に出たところは斎田という村だ。ここの人たちは、山越えして来る竹筒持った二、三人連れを見ては、また人が死んだなと知るものだったという。

こんなにまで悪いものを退ける「潮」の力はどこにあったのだろう。これは私の推測であるけれど、太陽とのかかわりにあった。魔のもののもっとも恐れるものは太陽であった。それは昔話の中などにもうかがえる。多く鬼の名で呼ばれている世を異にする者らは、陽の出のはるか前触れたる鶏の声にさえ、まるで命奪われでもするあわてぶりで遁走した。「昼間の幽霊と前振舞には逢うたことがない」のいいぐさどおり、夜に生きる彼等には陽の下は息づき適うところではなかったのである。

その太陽は海の彼方から上った。人はとうてい達することが出来ず、どれほどの遠さか思いもいたらないけれど、海の向うには太陽の国があるらしかった。海は太陽の国に接し、潮は太陽の身を洗い、体すり合い、そしてこちら側に来たったものだった。その潮を身に振りかければ、あたかも光の粉を浴びたごとくの昼の光に包まれたのであろう。どれほど恐るべきモノを相手にしている時でも、潮また塩を振ればこちらはたちまち太陽の力を得た。あたかも、鍋底の墨を額に塗って火の神の加護にあずかるという類《たぐい》である。

太陽に対して「月」がどのような見られ方をしていたのかというのは私にはよくわからない。ただちょうど「父と母」とのように「違うが同じ」というほどにごく共通して受取られてはいたのだろう。

沖縄では太陽はどこか遠くにある穴を通って地上に出るというのだが、与那国《よなぐに》ではその穴は月も共有するものだといって、

大月《うぶしき》と太陽《うぶてだ》と上《あが》る穴《み》や一つ

とうたう。

そして「潮」に関してなら、月とのかかわりの方をはるかに注目していたことは当然であろう。月の満ち欠けによって潮の干満もあるのだから。私は山育ちでこれらにはまるでうといのだが、確か毎月の一日と十五日前後に大潮があるのだったろう。それで島の人たちはその日頃を狙って夜漁などをするのだった。

それにしても、海など一度も眼にすることがないまま生を終える人々の多く住む山の奥の村においてなお塩の力にあずかろうとしているところ、人々はいったいどこから、来たのだろう。

# 葬の白と黒

私の祖母が死んだのはこちらの五歳前のことだったらしい。娯楽（？）とてない田舎村のことであるから、葬式の折のことは比較的よく覚えている。この折、母親が一人白着物を着た。下から上まで身につけたもの一切白であって、重たく艶を持つ絹の着物に、これも厚絹の袋帯、その上に結ぶ帯じめも中に真綿を入れて丸くくけた羽二重のものだった。平生は縞《しま》やら絣《かすり》の木綿着物だけで、人寄せの際にも台所にばかりいる母親がこの折はえらく立派に見えた。私の記憶にある母の姿はこれだけなのであるけれど、姉たちに聞くと、母親はその上にやはり白絹の「かつぎ」と呼ぶのを引っかけ、片袖を頭にかぶったのだという。これだとあらかた顔が見えなくなる。その姿で、棺の後につけた長い晒《さらし》のぜんの綱の先頭に取りついて行った。

今から四十二、三年前のことで、そんな古いことだから、また他よりも旧習をよく残す北の地だからこうした姿を見ることも出来たのかと思っていたが、私はごく近年、国の中ほどでなおこれとそっくりそのままの習が行われているのを眼にした。昭和五十五年、奈良の地に近くなる京都府和束町五ノ瀬というところで葬式に逢った。たまたま出合ったというのではなくて、この年頃から葬式やら産育など「行事」について話を聞くようになっていた私は、明日葬式があるというので滞在を一日のばしたのだった。独身青年の自殺という気の毒な弔いだったのであるが、故人の兄嫁になる若い婦人が白もくを着た。そして上に薄地の絹の、ここでは「かずき」と呼ぶ単衣の着物を頭から身全体覆うようにすっぽりかぶった。横からでは全然顔が見えない。正面に対してわずかに目鼻がうかがえるだけだった。彼女は位牌を持ち、素足に藁草履のいでたちで、その婦人を中にこめて雪運ぶ冷たい風の中葬列は進んだ。

これより前、昭和五十二年に奄美大島の傍の加計呂麻《かけろま》島でも葬式に会ったことがある。村に入ったらちょうど葬列の出るところで村人と並んで見送り、またその後について行った。この折にも棺の傍近くを行く黒い着物の婦人二、三人が白い帽子をかぶった。布は晒《さらし》と見え、それを手拭丈ほどにしたのを二折にして後を簡単に縫い止めてある。防空頭巾を丈つめた形だ。死んだ人は高齢のおばあさんで、その妹たちだという。それから棺担ぎ人四人も肩に白衣をひっかけた。これも晒を胸ぐらいの丈にし、衿明きと前中心に鋏を入れただけという裁ち放しの形で、黒い洋服の上に羽織った。名前を「かたぎん（肩布）」という。いずれも血の濃い身内だそうだった。「喪服は黒」が常識の今の私たちにとって「白」はいかにも物珍しく映るのであるけれど、驚くことには少し前までは葬式といったら白を着るのがあたりまえだったのだという。しかもその風は全国に平らに行きわたっている。着物まではいわず、被衣《かずき》一枚だったり、帽子だけのところもあるのだが、北からそれらを紹介してみよう。

岩手の釜石市唐丹《とうに》の辺では血の継がる女たちは白着物を打ち掛け、片袖を顔出ない風にかぶった。これを「いろかぶり」という。「どこどこの葬式はいろりかぶりが何人いた」とかいって盛況を噂し合う。岩泉町小本では名前が同じいろかぶりだが、かぶるのは晒をたたんで左右を縫った、ちょうど看護婦のかぶる帽子のようだった。今はわざわざ縫うことをしないで、ただ肩に白布をかけるだけだという。

三陸町（現・大船渡市）下甫嶺でだと白もくに黒帯をしめ、いろかぶる。いろは晒でその都度葬家で縫って用立て、死人の年寄の時にはそれをくれてよこすと。宮城の歌津町（現・南三陸町）泊崎や名足のあたりでは嫁入りの時に表が黒で裏が白のこそでを着るが、その小袖を裏返しにしてかぶった。

新潟の村松町（現・五泉市）安出《やすいで》のことさん（明治三十五年生れ）は嫁入りの時にかづぎをもらって来た。里の死に騒ぎの折二、三度着たばかり、その後そうした風がなくなったので「今は箪笥の守だわね」と語る。材質は羽二重でこれの片袖をかぶる。それで普段子どもが着物の袖をかぶったりするのを戒めると。西の方へ下った山古志村（現・長岡市）では、今は「しろかぶる」とて手拭より少し長い晒を二つ折にして後ろを縫った帽子をかぶる。しかし昔はかつぎを被ったというのだから、これも略式の形なのだろう。女はかつぎで男は三角の白紙をつけた。

牧村（現・上越市）高谷になると、白もくを着て頭には「綿ぼし」というのをかぶった。綿ぼしは中は木綿綿のようだが上は真綿、たっぷりとしていて後ろは肩が隠れるぐらいに長く、前は眉毛が見えなくなるほどにかぶる。身には白の長着を一枚上に羽織り、ひきずる長さなので行列は裾まくって行く。安塚町もこれは同様で、須川で六十二歳になることえさんは、自分の子どもの頃、およそ五十年前までは白もくだったと告げた。

岐阜では東から入った恵那郡、また西端の揖斐《いび》郡坂内村（現・揖斐川町）の一帯も弔に立つ者、女は全員白もく、被衣《かずき》をかぶったという。その隣の滋賀になっても余呉《よご》町下丹生《しもにう》では女はみな白着物に頭に晒の手拭ほどのものを被った。土山町鮎河でおばあさんたちのいうのには、嫁入りの時に夏・冬用の白もくを持って来た。これ持たないでは「つき合いさせてもらえない」。会葬者の女は全部白もくを着、そしてぜんの綱に取り付いた。大きい葬式では十五人も二十人もで、たいそうきれいだったという。また「昼めし持ち」の役をする跡取の嫁だけは白もくを着た上に晒を折って鉢巻をした。前から後ろに一廻りして結び、終りは後ろに「腰までぺらっと」垂らした。今は昼めし持ち、三尺ほどの晒をただ肩にかけるらしい。

三重の阿山《あやま》町（現・伊賀市）丸柱でならえさん（明治三十四年生れ）は、自分の二十二、三までは葬式には白もくを着たと語った。志摩の阿児《あご》町（現・志摩町）甲賀では白麻のかたびらの袖をかぶり、「かぶりかたびら」と称する。同じく海岸添いの南島《なんとう》町古和で出口こんさん（明治三十四年生れ）も昔は「かつぎ持たなきゃ嫁入り出来んかった」という。後には葬家で手配する手拭丈ほどの晒を頭にかぶるだけになった。しばったりせずに裾をはね上げて頭を覆う。けれども今はその被りようもせず、幾つかにたたんで首にかけていると。一志《いちし》郡の美杉村（現・津市）上多気《かみたげ》では、棺担ぎ人が白い上着とはかまを着る。福井の三方《みかた》町でも主な役をつとめる五役は白の上下《かみしも》を着用する。

喪主とか、血の濃い者とか、棺担ぎとか主立った者だけが白を着るようになったのも、代表という形で他が略されたものなのであろう。私が葬式に出合ったという京都の和束町でも、以前は位牌持ち一人に限らず親せきがかった人は全部が白もくでかずきをかずいたものであるという。

そこから続いてまわった奈良市阪原でしゅさんは、今から五十年前、自分の三十三の年に母が死んだ時、みな白もくで送ってくれた。その後しばらく白・黒混った状態でおり、すっかり黒ばかりになったのは三十年前だという。その上にかずきかずいた。しゅさんはかずきは普通の着物と違って五寸ばかり後ろを前に突き出す裁ち方をする。これを説明したあと、そうしたら「かずかりまっしゃろ」などといった。衿は半巾、裏衿は赤だったそうだ。

広島の口和町（現・庄原《しょうばら》市）真金原《まきんばら》でますさんも「昔はかずきをかずきおりましたがの」と語る。後さるしの布になり、さらに「今は何もかずかん」と。下関市安岡では身内の者は白着物をかずき、他は綿帽子をかぶる。長崎の雲仙やら天草でも、近い者が白もくに綿帽子をかぶること同じだ。壱岐、平戸、福岡の地ノ島などでも血の続いた女たちは綿帽子をかぶった。前は額下、後ろは帯のあたりまで来る。後にはりんずで作ったのが出来、今でもこれをかぶるという。奄美大島でも少し前までは近い者は白い長着の「しるうぎん（白着物）」を着、頭にも手拭丈の白布をかぶった。

これで見れば、葬送の折の服装はより古い形では白い着物を身にまとい、頭にも被衣《かずき》をすっぽりかぶったものであるらしい。それが着物を整えるのが略されると被衣《かずき》一枚かずいてすますことになり、その被衣《かずき》も厄介となって手拭ばかりの帽子となった。けれども簡略化はこれを最後としているのではない。まだまだ更なる略やら変形がいくつもあるのである。

岩手の陸中海岸、普代村では、以前の葬式には頭に白布裂いたりぼん状の小布を結びつけたという。これは私の村近くでもあったらしい。今は合併で山辺町になっているが、長姉の嫁いでいる隣り村北作《きたざく》では男は頭に白い三角紙を当て、女は白布を髪にしばる。会葬者全部のことだという。愛知の設楽《しだら》町田峯でも男は全員三角の白紙を額にしばり、女は髷に白布を結んだ。その女たちも昭和の十年頃までは白もくだったという。

額につける三角紙ならこれは全国的だ。晒やら白紙を三角に折ったのに麻などをつけて頭まわりにしばる。ただこの形は女には好まれないらしく、こちらは多く手に持ったり、髪にはさんだりする。山梨の早川町や、長野の平谷村では三角をなお小さくたたんでピンで髪に止めた。平谷村旭のなどはかぶるための紐もつけていない。薬を包む紙ばかりの大きさだったというのだから、なおいっそう形骸化したものなのだろう。山梨の丹波山村の辺では三角の紙を割竹にはさんで手に持つという採物の形になっている。

略したといえば、もうこれ以上は略できなかろう、紙縒《こより》の形もある。千葉の房総半島東側、大原町（現・いずみ市）岩船や大網白里町南今泉などでは会葬者全員が十五センチぐらいの長さのよりこを一本持つ。上に三センチぐらい頭を残した普通のこよりのようだ。これを羽織の紐にしばったり、女はかぶった晒の手拭などにしばったりして行く。壱岐では出発に先だって親族に白紙を一枚ずつ配り、各人は懐に入れて行き、墓穴に埋めた。

この他、葬の白といったら棺に巻く白があるし、ぜんの綱などと呼ばれる棺綱があるし、列の通る道に敷く白布もある。また死人の顔覆うのも、死装束のかたびらも白であるし、それから会葬者のはく草履の緒に巻かれる白もあった。

人々はどうでもこうでもして白を身に添わせたがっている。着物やら帽子がたとえ引き裂いた細布、一本の紙縒《こより》になってさえ身につけておかないでは安心出来ないでいる。なぜだろうか。死の折の行事があらかたモノよけ（まよけ）のためにあることから見れば、これも多分まよけなのだ。

まよけといえば、次のように考えられようか。モノのもっとも忌避すべきは太陽であった。夜の世界に生きる彼等は、まるで陽の光にあえばたちまち横死するひみずのように陽にあうのを恐れた。白はこの太陽の色ではなかったろうか。太陽を象徴する色には他に赤や黄色もあるが、白もまたその一つであった。この白に取りいっている限り、すなわち陽光を帯びている限り、あたかも絶縁体のごとくモノの寄り来るところとはならないとする考え方だったのであろう。

最後に一つ、被衣の効用について聞いたことがあった。佐賀の嬉野町（現・嬉野市）不動山でのことで、こちらでは喪主の妻が麻かたびらのかつぎをかぶって棺の直ぐ後を行く。なぜに棺に添い行くかといえば、かしゃかく時、そのかつぎをさっと棺に打ちかけるのだという。かしゃかくると雷がなったり、嵐や雨になる。カシャとは広くでいう、弔に現れて死体を奪うという怪だ。加計呂麻島ではこうした不穏な時にはトベラの枝で棺を打つ。トベラも臭いことでまよけの木であった。

# 神とモノ

奄美大島を旅したのは昭和五十二年、その翌年には沖縄に渡った。異質の文化圏に触れ、見るもの聞くものなんでもが珍しかった。中でも異様に心ひきよせられたのに、モノの存在がある。なにやら得体の知れない、目に見ることのできない、怖ろしいあるモノがいるのだという。奄美や沖縄では多くムンと発音する。相手をぼかしてこうした呼び方をするのであろうが、なにしろ姿をなさない怪しい存在なのだから、モノとでもいうより名付けようがないのであろう。

ムンは多く山に住んでいる。奄美などではクンムン、ケンムンとも呼ぶのだが、木に住むムン、「木のモノ」の意であろう。奄美諸島のうち、沖永良部島国頭《おきのえらぶじまくにがみ》では、山のものを「木《ひい》のモン」、また地に住むものを「地《じい》のモン」と呼んだりするのである。島西海岸の名瀬市知名瀬では、ケンムンはガジュマルの樹の下に住むなどといっていた。根元に貝殻のいっぱい積んであるところがあ

り、これをこの辺の人はケンムンが食べたのだといっている。話を聞かせてくれた坂野さんは、ケンムンは「海に入ればガラッパ（河童）になる」ともいった。

当地で山の木を伐る時はこのムンに仁義をいうことが必要である。加計呂麻《かけろま》島《じま》諸鈍《しょどん》で宮畑さんの聞かすその折の口上はこんなであった。

「昔我《わ》が植えた木《く》や、かしふでてや（こんなに大きくなってよ）、三目《みてむ》し、伐《き》ち貰《もら》ゆんからん（斧で伐ってもらうから）ムンの付《つ》ちゅるばや、抜《ぬ》ちーたぼれ（ムンがついていたら抜けておくれ）」

その前に伐ろうとする樹の幹に斧を立てかけておく。ムンのついている場合は、斧がねゆむ、（震動する）そうである。明治三十年生れのふっしゅ（おじいさん）のいっていたことだという。斧を三目《みてむ》とは、刃の峯近くに三本の刻み目が入っているのからいう。もちろん自分の植えた木などではないのだが、いささかでも有利にことを運ぼうとするのだろう。

大島本島の宇検村芦検《うけんそんあしけん》で玉利さんに教えられたのはまたこうだ。

くん木《く》や主のいもらばや（この木に主がいらっしゃったら）

石洞《がま》からいもちたぼち（洞穴にいらして下さって）

我《わ》ぬんくん木や呉れてたぼれ（私にこの木をくれてください）
石洞《がま》の無《ね》んばや（洞穴のなければ）
天《てん》とーかち昇《のぼ》ってたぼれ（天空に昇ってください）

同じように幹に斧立てかけ、斧が倒れたなら伐らないともいう。

モノは、産育の場においてもしきりに登場する。与論島では、赤子が生れ落ちたら真先に

「塩《ましゅ》のくれぇ」

と叫ぶ。「くれぇつける」といい、「ムノのくれぇ付《ち》きららぬちん（モノにくれぇ付けられないうちに）くれぇ付《ち》きたん」という。クレェは「位」であろうか。年祝の席などで、「一二〇歳のくれぇ」などといって寿《ことほ》ぐそうだ。なぜ塩なのかはしれないけれど、他では多く「百才」などとさけんでいるところをみると、海水から取り出す塩の尽きなさをいっているのだろう。

また幼い子を夜間外に出す折にもモノよけには心を尽くさなければならない。沖縄の東端・国頭村安波《くにがみそんあは》ではこんな時、鍋底の墨を子の額に塗り、「むん負けすんのーや」（モノ負けするなよー）といってやる。八十五歳の新垣うとさんの教えたのは、「もんのひどー（ものよけだよー）・もん負

けすなよー」だった。具志川市《ぐしかわ》(現・うるま市)川田でや西原村上原などでは唱えごとがまた別だったり、無かったりするが、同じく鍋墨塗って、そうしないとモノが取る。「やあなかじ(いやな風)に当ったりモノに取られないように」だといっていた。

奄美諸島を巡る間、モノの話はよく耳にしたが、カミが現れることはまずまれであった。一方、私どもの住むこちら側、島の人たちが九州以東をさしていうところの大和を振り返ってみれば、モノはもういなくなっている。代りにがんじがらめなほどに神・神・神である。島の人たちはよく古い習いなどを語った挙句に、こちらは時代が千年がとこ遅れているといった。たとえば、赤子に鍋墨塗るにしても、頭を汚すなどなんという野蛮なやり方だと恥ずかしげに語った後にこれを続けるのである。

そんな時、私は大和にもその習いのあること、決して理由なしにやったのではなさそうなことなどを必要以上に力説して、かえって相手をわずらわせたりしたのであるけれど(墨塗りばかりでなく、不思議と彼・我との対応することが多いのだった)、千年は知らない、確かに古風さが温存されている面のあることはみてとれた。ことばにしても大和方では摩耗し、形崩れ、どのような意味であるか、誰が考えても解けなくなっているようなものが、あちらではまだ、その起ってきたところの解る、生れた赤子の形に近い姿に出会ってはっとさせられることが度々あった。

モノと神についてもこれがいえないか。奄美、沖縄にいうモノの世界が先にあって、神の世が後に来たものであることを。つまりは大和でいう神々が実際はモノであった。すべての神といわないまでも、その多くの部分がモノだっただろうということである。前に挙げるいくつかのモノ登場の場面も、大和での神に対応するのであった。木を伐る作法は九州からこちらでは、山の神になされることである。生れ子に命運をさすのも、「産神問答」などと分類される昔話のあるごとく、神のされる仕業であった。夜行の子どもに鍋墨塗る風は東北に盛んだが、岩手でその理由は「神さまにさわられないように」また、「夜まは神さまが歩くから」などと聞かされるのであった。

神さまが実はモノだったと思ったそのとたんに、それまではるかに深い薄明の中に淀みあった種々のものが、一挙に姿鮮やかに現れ出てくることを覚えたのである。

思えば神にはずいぶん荒神も多いのだった。人命を奪う死神はもちろんそうであるし、病気を起すのもまた神であった。命取りになるハブやマムシの害も人々は神がなせるものとみている。沖縄の今帰仁村今泊《なきじんそんいまどまり》で八〇代の嘉敷さくさんは、「ハブや神の御使《はみうんちけえ》」といった。こちらの年中行事のアブシバレエ（虫送り）とかおまちい（祭）の遊《あしび》に家で針使ったり、縄なったり、つまりは忌を守らなかったものがハブに噛まれる。大里村大城でも、よくよくの理由がなければ噛まないといい、ハブには別名カミハブの名を呈する。

岐阜の坂内村（現・揖斐川町）広瀬では「まむし百日」といって百日病むことをいうのだが、「百日の病にさされとる人がくらわれる。さされとらんとくらわれん」といっていた。

激烈な見舞われようをするハブやマムシの害もさりながら、親たちにとってもっとも恐しいのは、当るをなぎ倒すようにして子の命を奪う麻疹《はしか》や疱瘡《ほうそう》の病気で、これも神さまが起すものであった。沖縄勝連村（現・うるま市）や石川市（同上）ではそれで、麻疹《はしか》をイリガサとも称するが、また神が与えるのだといってカミガサとも呼ぶ。天草半島、牛深市（現・天草市）吉田では「麻疹《はしか》の神さまはかるわれる（背負われる）のが好き」だといい、親たちは「子が五つになっても、七つになってもかるてさるき（歩き）おった」そうだが、それを見て、近所の人たちは「はよー（あれー）あんたの家には麻疹《はしか》の神さまの入りこまったとね」などという。

青森県八戸市妻ノ神で林崎よしえさんもこんなにいっていた。

「麻疹《はしか》は神病ませるんだ、神厄《かみやく》だという。四つ、五つの子がらがら死ぬ、麻疹《はしか》の神がさらう」

こんなわけだから、どの地方でも親たちは熱心に疱瘡《ほうそう》神送り、麻疹《はしか》神送りをしたのだが、この送りを新潟安塚町（現・上越市）のように、カミハライ、カミバナシまたカミオトシと直截に表明しているところもある。

人をいたぶり、悪業をなすものの正体がモノだったなら、なぜにこれを人の敬う神と称したかといえば、それは相手の力をいささかでも弱めたいという慰撫の念にあったと思われる。

カメムシは鼻持ちならぬ悪臭を放つ虫である。つまんだ指先には臭いがしみつき、寝床でうっかりつぶしでもしたら一晩安眠をさまたげられる。

しかし、これを

おひめさま　おひめさま

といってから掴めば臭くないそうである。栃木県粟野町（現・鹿沼市）入粟野ではそれで、虫を「おひめさま」とも称して、「おひめさまがいたぞ」などという。四国徳島の山間部でもクサンジやクサムシ（当地でのカメムシ）に「おひめさん」と機嫌とるところは同じだ。

カメムシではないが、梅雨の頃、水屋などにいるヤスデも臭いものだそうである。奄美大島の大和村名音ではトゥドゥル（ヤスデ）には

　きょらむん

といって掴む。

「きょらむん」は「美しいもの」の意だが、まあ「美人だね」というところであろうか。これはムカデの弟分のような形で、どんなに頑張ってみても、美しいとは思えないのだけれども、しかし、いわれた方としたら、決して悪い気はしないであろう。もろに悪意をぶっつけたりはできないはずである。

そういえば、前のカメムシでも、滋賀の信楽町（現・甲賀市）朝宮では、

　おが　男前
　おが　男前

「お前は男前」というのであった。ここでは名前をオガと呼ぶが、関東の茨城、千葉方面にあるオーガやオガムシの名も、これに類するのかもしれない。

相手の悪意をそぐのに、仲間にひき入れる手もよく採られるものである。うっとうしいモノモライは執拗に居坐って閉口するが、奄美大島・名瀬市朝仁《あさに》では、ユンム（モノモライ）のところを小指で突きながらいう。

ゆんむ　ゆんむ
　我《わ》どしっくゎなーれ（私の友達っコになれ）

同じ西海岸を南に下った大和村名音でなら、

いびり　いびり　我《わ》　弟《おと》っぐゎ

中指でイビリ（モノモライ）を押しながらいうことで、下に弟《おと》っぐゎ（弟妹）のいる人はやらない。

また弟妹のない末子を頼んでやってもらう。

山を踏みまわるのが日常だった暮らしでは、ひどいかぶれを起すウルシは、大人にとっても子にとっても剣呑《けんのん》なものであった。これもモノモライと同じようなことで「お前とおれと兄弟だ」（愛知県東栄町）とか「うるしうるし子にしてくれろ」（山梨県丹波山村）などといっている。長野の鬼無里《きなさ》村（現・長野市）押出《おしだし》でなら、

うるしうるし　お前とおれと夫婦《めよおと》だ。

こういえば「いびっても世話ない」と。兄弟だって、親子だってもそうだが、夫婦となればまた情愛深いものなのだろう。

もう一つ、こういう手もある。山梨の芦川村上芦川では。

うるしさん　おはようごいす

と挨拶をして、こちらからウルシの露をかぶるとかせないという。恐ろしさのあまり、とかく離れてもらおう、追い立てようとばかりするものだが、かえって迎え入れ、もしくは恭順を示して傘下に入るなら、同じことにいたるにしても手心を加えずにはいられないはずである。子どもの疱瘡《ほうそう》や麻疹《はしか》においても、彼らを守るためになりふりかまわぬ親たちによって、この手はよく使われるのだ。

愛知県設楽町田峯の熊谷義恵さんの父親は疱瘡《ほうそう》であばただった。その親が疱瘡は貰った方が軽くすむといってわざと疱瘡かかった人にくっつけてうつした。明治二年生れの父親の二歳の時のことで、その妹は明治六年に種痘《しゅとう》を受けている。種痘はこの年頃にはじまったのだと。

愛媛の三崎半島の三崎で明治三〇年生れ井上幾松さんの話によれば、彼の六歳の時分に疱瘡の大流行があったそうである。村の人たちは皆一時家をすてて山に逃げた。正月あけから三月頃まで、三ヶ月ほどそちらにいたろうという。六疱瘡《ぼうそう》、七疱瘡《ぼうそう》といって、かかった者の六割、また七割が死ぬ。自分の時から植疱瘡（種痘）になったが、これより上の人ではかからん者がないぐらい。小さな疱瘡《ほうそう》神のお堂があって、そこに詣るか、軽い人の食べかけでももらってたべるのがわずかの手だてであったという。

徳島県東祖谷山村（現・三好市）大菅では疱瘡《ほうそう》には爺疱瘡《じいぼうそう》と婆疱瘡《ばばぼうそう》とがあるという。これには昔話があり、子を疱瘡《ほうそう》で殺された爺さん、婆さん二人とも疱瘡《ほうそう》神になるのだが、爺疱瘡《じいぼうそう》は軽く、婆《ばば》疱瘡《ぼうそう》の方は大きな紫が現れ、大熱でたいていが死ぬ。それで親たちは「爺疱瘡《じいぼうそう》さんわくんと（私宅の方へ）来てくれなはれ、どうぞおいでつかはれと雇うて来て軽くすました。疱瘡《ほうそう》にかかった人の膿《うみ》をもらって来てつける。軽かった」とぬいのさんが語った。

神は本来迎えるものとし、そうした趣旨の行事もあるが、果たしてそれらは真底《しんそこ》これをめざしたものであったかどうか。小をすてて大を取るの心でなかったのか、再検討の要がある。

人はモノを相手に奪い合いをなし、競い、戦い、時にはなだめすかし、仲間をよそおい、また時には取引もして、これを遠ざけることに心を尽くしたわけだが、その意味で一大成功をおさめたのは神、つまりはモノの居場所を定めたことである。宮柱太く、板厚く、氷木《ひぎ》高々と立派な宮社を造り、領を分かち、宝物を寄せ（たとえば形ばかりの模擬の品だとしても）、人が家に住みなすがごとに、納まってもらうようにした。彼らの姿のないことが、人にとっての最大不利の点だったのだから、そのあり場所が限られるといったら、これほど息づき安くなることはない。しかも、その宮社の場所は決まって集落から離れたところ、森、山のてっぺん、村はずれである。つまりは追いやったのだ。

その代わりに、村をあげてせいぜい敬い、ねんごろにし、まつりを盛大にする。このようなところに押し込めたうしろめたさも人には常につきまといあるのだ。まつりを省略したら、悪病がはやったとか、災難が続いたとか、それであわてて元に復したなども各地で耳にすることだが、これは契約違反なのだろう。一方、まつりには神楽など芸能もつきもので、その内容もまた、鬼などが荒ぶった後に鎮まる筋と決ったようなものだが、神の側にも、国譲りの約なった状《かたち》、年ごとに繰り返し確認を迫る意味があるのだろう。

神の一大特徴といえば、これは誰にだって考えがあろう。姿のないことである。カミの語源は、隠れ籠っているコモリと思われる。沖縄の国頭村楚洲《そす》では、雷をティンノグモイ（天のこもり）と呼んでいた。「天のぐもいの鳴んど」などいう。音や、放つ光だけは認められても、決して姿現すことのない故であろう。

それだから、神になるのはやさしい。姿を見えなくすればよい。行事・まつりの中には、秋田のナマハゲに見るように簑《みの》、笠、面で身を包んだり、八重山のアカマタ・クロマタのようにシダやカズラですっかり体覆ったり、藁の帽子と腰簑つけたりと、異形のものらの出現多くある。これらは神を現しているのであろう。小道具に簑笠が多いのは、これがきわめてよく所定の用を満たすこともそうだが、常に手近にあって簡便なるがよしとされているのだろう。これ以上に簡便を狙うなら、沖縄方面に多い、草の冠、また面だけになるのだ。しかし、これら一部に限ったものだとしても効用はそう薄れないものと思われる。ことに体の中心を覆う面は、これ一つをとりつけるや、あらわなる他の部分もたちまちにして籠りの内に入《い》るとの了解が、自他ともに働くらしいのである。

だんだん扮装を簡略にしていくことを今は述べたが、こうした小道具を一切使用しないでも神になる方法はまだある。見る側の目を閉ざさせることである。よく神迎えの一行に出会ってはいけないとか、神の行列を見たら目がつぶれる、通行の間中家内に籠っているなどを聞くであろう。姿が見えたら神でなくなるのだ。さらにもう一つ、万人の目を失う闇夜にあたれば、右のような厳しい触れには及ばずとも事を成就するわけだ。

小正月の夜に訪れる来訪神は、最後の方法を利用したものだ。これには、物々しい格好のナマハゲの類ばかりが取沙汰されやすいが、むしろ姿を見られないように忍び訪い、餅などもらって行く方が多いのである。岩手の釜石市唐丹でナナメタグリは「鼻ならして来る」という。姿がないのだから、ことばを発することもできないのである。同じ岩手の田老町（現・宮古市）では、ミズキの笛を持ち、吹けばピー、息を吸えばパー、ピーパー、ピーパーやって訪れを知らす。それで来訪神をもピーパーと呼ぶ。島根や鳥取で、ホトホト、トイトイと称するのも、ことばともいえないこのような音を発したり、また、指で戸を叩いたりするゆえの名である。壱岐では、テボナゲといって紐をつけたテボ（手籠）を家内《や》に放り込む。餅やら煮しめやらを入れてもらったテボの引き上げ時を知るのは、家人の「犬の食うどうー」の声だ。

　物を受け取るのは帰順を示すものだろう。人は常々供物をしているが、それが受け取られているものやら不安でたまらない。嘉納されたかもしれないが、仇なす心少しもそこなわずにいられるのかもしれない。ところが家々を巡り来る来訪神は明解に答を出す。ことにも年の始にあたって、いかばかり人はなぐさめられたことだろうか。またこれも、人の安心を得るばかりでなく、本物の神々のこれに倣うことをもくろんでいるのだ。

　沖永良部には「親拝《うやうが》でィから、神《かみ》を拝《うが》み」（親を拝んでから神を拝め）のいいぐさがある。神が人にとってどのていど必要だったものか。三重県の宮川村（現・大台町）で明治二十三年生れの小椋たまえさんは、昔人らしい慎み深い話し方をしたなかに、神についてだけはこんなにいった。

「人間あっての神さま。まつってもらわなんだらなんともしょうもない」

# 橋の下に住むもの

子どもはよく川に小便をする。でもやってしまった後急に罰を受けることが心配になり、こんどはせいぜい謝ることになる。

川の神さま　ごーめんなんしょ　（栃木県足利市田沼町）

水神さま　水神さま　咎《かど》めなーんなよ　（宮崎県清武町永山）

おーやも子ーも流れんな　小豆一升なーがした　（三重県宮川村岩井）

どうやら大きな咎の折には親を流したり、子を流したりするものらしい。親たちも川の神さまには大いに気をつかった。熊本の相良《さがら》村川辺のあたりでなど、早朝川の水を汲む時には

水神さまごめんなっせ

と断りをいった。「まだ休まれていてたまがいなっで」という。私がここを通ったのは昭和五十三年のちょうど茄子の出来頃であったが、その茄子がどこの家の川端にも一個串にさして立ててあった。これも水神さまへの供え物で、「一番ない（成り）の一番良かとば上げる。そうでないと後成《あとな》りに爪型《かた》んつく」とここの正義さんは語った。宮崎の北川町（現・延岡市）下赤で明治四十年生れのトシ子さんは川に物を放る時など水神さまをたまがらすけに咳払いをしてから放る。今でもそうしているという。屋久島などでももっぱら「水神さまは腹がけやしい（腹立てやすい）」と語る。川またぐ時など黙ってだとたまがってさわりがあったりするから息づきして通るという。

この荒いものの住む川を渡れない人たちがいた。生れて間なしの子らと、その母親だ。奈良天理市福住のあたりでは産後二十日は橋渡っては駄目という。滋賀の信楽町でなら、「七十五日川渡りするもんでない」というし、三重の員弁《いなべ》町（現・いなべ町）楚原でも「三十三日までは大川渡んな」という。九州五木村野々脇の辺《あたり》でも、産婦はひあくまで（三十日）「川流れているところはまたいではならん」といい、佐賀の鎮西町（現・唐津市）打上でだと生れ子は宮参り前に川渡ってはいけないという。

でも、右の大きな憚《はばか》りもある呪《まじない》ごとを施せばその儀からは免れたようだ。福井の名田庄村《なたしょう》(現・おおい町)でははじめて生れ子が橋をわたる時、おこうじんさん(五徳)の墨もろうて額につける。奥三河のあたりもひあけ前に橋渡る時、額に鍋墨二つつける。設楽町神田などは「はしこし」といって行事になっており、生れて最初の戌《いぬ》の日、鍋墨を二つつけて橋を越えさせる。三年前九十六で死んだ姑がよくやってくれたとここの荒尾さんが語った。種子島の納官でもじほう(宮参)前に子を外に出す時、赤紅か墨を額につけ、そうでないと「がらっぱ(河童)がかもう」という。北の秋田県昭和町(現・潟上市)でも「初めて川越する時は」といって額《なづき》に墨で十字を描いた。

この墨塗りはまだ幼い子の夜にかけての外出の折に、またはじめての外出《だ》しの折に「悪いものにさわられないように」といって各地でもっぱらなされているものなのである。

静岡市の小河内《こごうち》では赤子がはじめて橋渡る時には塩をまく。ここから山を越して山梨側に入った早川町の奈良田でなら、宮参りに行く時、またそれ以前に川を渡る時、米をまいた。塩も米も悪いものを祓う折に持ち出される品であろう。愛媛の豊後《ぶんご》水道に面する内海村《うちうみむら》(現・愛南町)家串でつるさん(明治三十五年生れ)たちは生れ子の初旅に山や川を越える時、針を放るという。赤子でもかんの虫ひねってもらいや灸すえに村の外に出ることがある。そのような折にこれをする。自分の髷に針を一本さして行ったと。針もまよけに力あったこと、これまた塩や米と同様である。岐阜県久瀬村（現・揖斐川町《いびがわ》）のちえさんの亡くなった母親も山行く時は牛くそという髷に「きみょうに針さしてた」そうだ。子連れての折は「川」と同じに「山」も大いに憚《はばか》り、さまざまなまよけをなすのである。

夜泣に一役演ずる「橋」も面白い。前《さき》の津汲《つくみ》のあたりでなら子が夜泣すると、橋やら、また橋のらんかんを削って来て灯して見せた。谷に沿った静岡市小河内でなら吊橋のせのこ（横板）を削って燃すのだった。京都の美山町（現・南丹市）でだと、田んぼにかかるのなど一本橋を削って来、愛媛の津島町（現・宇和島市）大日堤でも丸太一本渡してあるような橋を削って来て泣いた折灯して見せる。

「夜泣は百日続く」とて家中の者は悩まされ、夜泣止の呪《まじない》も真剣になされるのだ。だが橋が選ばれたのは、ただ火を作る目的にばかりあったのではないらしい。屋久島でのように木の橋を削って来て布に包んで夜泣の子の首に吊すところもある。また奄美大島でなら、橋を削り子の枕の下に敷いた。

「橋」にはなにか大きな訳ありのようだが、私にはよくわからない。ただ、これだけはいえそうだ。川には山にいると同じような、ありがたくない、祟《たたり》なすものが住んでいた。その荒ぶるものの領するただ中に身をさらけ出すことになるものだから、橋にはこれらの手を断つ方策が講ぜられていたろうということである。

それがなにか、材料にまよけの木を使ったかも知れない。それがまに強い「石」なんかだったら完璧であったろう。また橋を赤く塗ったかも知れない。赤色がまよけになること多すぎるほどの例がある。だから夜泣に橋を削ったのも「千人橋」などといって渡る人たちの合力を頼もうとしたと見るばかりではなく、「橋」そのものがまをよけるものだったかも知れないなのである。

沖縄の西端、大里村（現・南城市）大城では、正月十六日子たちが重箱に料理を持ちより橋の上で重箱を中に輪になり

じゅう食へー　じゅう食へー
汝《な》ー物《むん》どーひゃ（お前の物だよ）

といって少しずつ料理をちぎって橋下に放る。村中《なか》の橋を次々に巡って歩いてこれをやる。子孫なくてまつってもらえない後生《ぐそう》の人たちにやるのだという。

# こどもたちのこわいもの

私の生れた家（山形市山辺町）から少しばかり行くと村の大通りに出、角に駐在所があって、その前が三辻になっていた。病送りなどといって半紙で家族が順に身を撫で、紙の端を紙縒《こより》にしたのに穴明銭を一つ通し、カヤの軸にしばりつけたのを親に言いつかって立てに来るのもこの辻だった。辻をなしている一方の道、急なごんべ坂を登ると行きつきに二軒ばかり家があり、そこを左にまわれば同じ高みの一帯にまた別の小字がある。ここのあたりをほすばと呼んだのは物干す時に格好な「干場」とでもいうのであったろうか。入口には巨大な杉が数本固まり、下にはなにやらの祠《ほこら》もあった。この大杉の下がいい遊び場だった。雨が降ってもそこだけは乾いた土を残すようなところだったから、夏などはとり分け選ばれる場所で、しゃがんでなにか描くにも、草を埋めての宝さがしをするにも土は適度な湿りを帯び、生き物の肌触るように心地よいものであっ

た。

　ところがここになんとも剣呑なことがあった。夕暮になると梢も見分かたぬ杉のてっぺんから真赤に焼けた鍋が降りてくるというのである。なんでもここの杉の木にはそういう怪しいものが住みついており、もし日暮れてまでも近くにいる子があるなら、その鍋に入れてさらってしまうというのであった。ただの土いじりさえ、調子にのった遊びはしまいとするふん切りがつかない。どこかの家から響くかん高い俎板《まないた》の音や、風呂焚く煙にせき立てられる思いをしながら、なお地にへばりつき、そして時々上をうかがっては赤いものの降り来ないのを確かめて安心をした。

　こんな鍋の怪、村だけのことかと思っていたら、今年旅をした岐阜でもよく似たことを聞いておかしかった。ただこちらは鍋ではなくて釣瓶《つるべ》で「つるべおとし」と呼ぶ。県の西端の方、揖斐川に沿う久瀬村（現・揖斐川町《いびがわ》）津汲《つくみ》でちえさんに聞いた。村外れにじろべえ坂というところがある。今は野になっているが前は屋敷があったらしくて石垣が残り、そばに大木が立っている。昼でもいいいしぐらいようなところだ。そこには「つるべおとしがいるところだで」といって通るのが恐ろしかった。木の上から俄に釣瓶落しよこすという。

子どもの頃の「こわいもの」には、各地で様々のものがある。小さい者たちはどうしたはずみかでひどくむずかる時がある。自分で自分が始末出来なくなって行きつくところまで行かないとおさまらないのであるが、これにははたの者が迷惑する。それで「ほらほらなんとか来たぞ」とこわいものを持ち出して難儀を回避しようとする。

私のところでなどそれは「ぬりずけほーほ」というのであった。めぐりまわっている粒子がすっかりおさまって澄んだ夜になると、またこちらがすねたりなどすると、決って眼玉の中まで怒りでふくらましているに違いない腹立ちの声でフォッフォーと叫んだ。あれは梟《ふくろう》なのらしい。だけどその当時はそんなこと思いもよらず、どれほど大きな化物かと身が縮み、広い闇の中、火にかこわれて安全地帯の家の中にいる親たちでさえ不穏な物腰でいうものだったから、いつその闇の部分が家中までも侵すのかと怖しかった。

簑（みの）

福島県塙町田代の簑

小さい者にとってのこわいものといったら、このようにいたって単純なものが多い。眼に見えない精とか魂とか神とかはこれらには効力を持たないらしい。鳥では同じ山形寒河江市のあたりでいう「よだか」もある。この鳥も夜になると激しい声でなくのだったろう。茨城の麻生町宇崎でなら、交尾期にあって妙な裏声を発する猫をさして「がんど猫が来た」とおどす。

岩手の気仙郡世田米《せたまい》町（現・住田町）の子らは「ほら狐が来るぞ」といわれた。冬になると狐が里近くに降りて来てグェッグェッとなく。これをいわれると心底からこわかったという。福岡の前原町（現・前原市）で「山犬《いん》が来る」というのもこのてであろう。岡山の川上村（現・真庭市）や、志摩の磯部町（現・志摩市）などでは「狼が来たぞ」とも脅す。狼ならきっと狐よりも、そして子どもばかりでなく親たちだって手強い相手だったのだろう。兵庫の美方郡村岡町（現・香美《かみ》町）黒田でなら「てんが来る」といった。

東北で広くモウとかモッコとか呼ぶのはなんのことだろう。遠野市山口のあたりでならモッコは「熊とか狼だべ」という。なんでも山から「モー」とか「アンモー」とかいって来るらしい。それで弘前ではこんな子守唄もあった。

ねんねこ　ねんねこ　ねえた子へ
ねんねば山から　もっこァ来《く》らね
それでも泣げば　山さ捨てて来る
ねろじゃ　やえやえやえ

モウは三重の尾鷲《おわせ》にも同じ形であった。

北のモウに対して九州にはメンという怖しいものがいる。「めんが來っど」「めんこの來よいから」と子らはおどされる。これはどうやら面を被って訪れる正月の来訪者などを描いているのらしい。こちらではそれを「年どん」と呼び、大きな恐しい面を被り髪毛を乱し、簑を着て、つまりは北のナマハゲのさまして各家をまわり、子を脅し叱り、また賞めたりもして年どんの餅をくれて行く。甑島《こしきじま》の子をおどす文句はその名のままに「年どん」だ。こわいもののメンやメンドンも必ず簑をつけているのである。それで名前をミノメンとも呼ぶ。

鹿児島県志布志湾に近い有明町（現・志布志市）蓬原《ふつはら》でミノメンについてこんな話を聞いたことがある。昭和五十年のこと、ツネヨさんという婦人が話してくれたのだったろう。近所に子がなくて、四、五歳になる男の子を貰い子にした家がある。その子はもらわれて長いこと晩になると泣くのを続けた。これには新しい親たち閉口したのだろう。簑を被って「メンが来たぞ」とおどした。ある時子どもは小屋うちに掛かる簑を見出して思うよう、「めえばん　めえばんたまがすに来っから火つけて焼《や》ったくらんな」そして火をつけた。幸い小屋一つ燃えただけですんだが、彼のいうところもっともなので親たちも叱ることが出来なかった。今は都会に出ていい地位についているらしい。ひどく頭のよい子だったとツネヨさんは賞めた。

年中行事に出てくる得体の知れないこわいものの存在も幾つかある。宮城の気仙沼市立沢の辺で「だいでん婆《ばあ》」といっているのはどんなものなのだろう。二月八日はどこでも悪いものの出歩く日のようにいわれているが、ここではこの日は「春てんがぇ」といって団子を作り、家族の数に一つ加えたものを藁に通して家の入口に吊す。その一つは「だいでん婆にやる」といっていた。「だいでん婆に逢わないように」とてやるのだという。同じ宮城の唐桑半島の高石浜では正月六日の夜から七日早朝にかけては「やぐずの神にとりつかれるから出て歩かねもん」としていた。

福島の会津地方では二月の二日とか十五日にひゃ、く、ま、ん、べ(百万遍)をやる。この日はや、さ、ぶ、ろ、うかがが現れるらしい。いや、やさぶろうかがは吹雪の夜の怪なのだが、ひゃくまんべの日頃はたいてい吹雪にあたって、いかにも彼女の出歩くような晩になるのらしい。ひゃくまんべとやさぶろうかかと、これらにまつわる同情すべき話も聞いた。只見から国鉄会津線に沿う三島町のあたりを歩いたのは、旅を始めるようになった最初の年、昭和四十六年であった。話者を得ることも不馴れで、しようことなしに小さな町役場に飛びこんだら、親切にも一人の中年の職員がしばらく相手をつとめてくれた。話し手の名前を記録するのさえ深くは覚えず、この人の名もノートに見当らないのであるが、役場のある宮下からなお一里ほど奥に入った大石田の人であった。

　このあたりひゃくまんべには小豆飯をたき、こうぞがらで家族の数だけ箸を造り、食べ終った後で箸はすだれ状に藁で編んでとんぼぐち（戸口）に下げる。この時はまためけ（目籠）も一緒に出す。これは他の地方の部分にも似合うものだろう。食べた後の箸を編んで屋根に上げたり軒に吊ったり、他ではコト、またコトハジメという厄よけの行事にやる。

　ところでその大石田の人の子ども時分、彼の弟がひゃくまんべの日にちょうどおじの家に遊びに行って夕食を食べ、箸をその屋の人たちと一緒に編みこまれてしまった。そして家人のいうよう。「これはしまった。やさぶろうかかにお前はこの家の者と見られてしまったので自分の家に帰ったら食われてしまう」

この日は他所に出ている者も家に帰り、人数分の箸を出すことで、向う一年間の厄よけの保証を得るというような趣旨であるらしい。生家に席のなくなった彼はその安全の外になったというのである。

これは子のないおじたちが計画してやったことだったらしい。弟は小学一年であったがそのまま六年生までそこで暮した。彼はしばらくの間学校でも下ばかり向いてしょんぼりしていたそうだ。それで可哀想になって何度も家さ帰るべ帰るべと誘ったが「やさぶろうかかに喰われっちまう」といって、帰ろうとしなかった。


やさぶろうかかのように怪しいものの中には女が多い。同じ福島猪苗代のあたりで「おぼだき」といってるのも赤子を抱いた女の怪《かい》である。紐をやればそれをほどくのに夢中になって害をしない。それだから羽織の紐なともんぺのそれなと引きちぎって与えるものだ、などという。

赤子を扱う怪といえば沖縄には「ちーやんまー（乳母《チーアンマ》）」というのがいる。これは赤子を取るモノだ。パーラレという着物を羽織り、立派に髷《まげ》を結って傘をさしている。この姿で「どこそこのシマ（村）かられいしが（来たのだが）」といったのを母親が夢に見たら必ず子が死ぬ。死んだ赤子はちーやんまーが養うといい、あんまり親が嘆き悲しむとちーやんまーが子を見捨てるという。こうした怪は姿かたちはさまざまに作られてあるけれど、いずれも死んだ者、ことにも心ならずして命落した者たちがなるのだろうから、その点出産に多く命を奪われる女たちはそれらになる率も高いのである。

前にいう久瀬村（現・揖斐川町）津汲でのこわいものには「麻《お》こきばば」というのもある。麻の皮を扱《こ》く婆といってもなんの変哲もなさそうだけれど、暗い土間の片隅でつくばって、粗く長い白髪のような麻の条《じょう》を手繰《たぐ》るさま、なにやら怖ろしげな雰囲気もある。ここでは雪降る日には「ゆきのんど」も現れる。「雪の人」の意であろうか。「今夜は雪降るでゆきのんどが来るぢゃど」といわれ、雪道の帰りなど、「ゆきのんどが引っ張りこむで早く帰れよ」などいわれる。愛媛の津島町（現・宇和島市）大日堤《おおひさげ》の子たちは夕方まで遊んでいると「のっごの婆やんが来るから早よ帰れ」といわれた。

夕方になると「かくし神」などというこわいものも現れるのである。親たちは暮れ方にまで子が遊ぶのをひどく嫌った。夜に向って自分たちの眼を失う不安もあるのだろうけれど、また生者の昼の世界と魂の世と交替するその間《はざま》にあって、うっかりして子のあちら側の世界にまぎれ入るとの案じ方からであろうか。

ことにも隠れんぼうなどは忌まれる。隠れた子がそのなりにどこかにかくされてしまうというのである。千葉・房総半島の子らのように

「晩方かがみくら（かくれんぼ）すんな。隠《かお》しがみさまに隠《かお》されっど」

などいわれた覚えのある人たちも多いことだろう。

そしてもし神かくしにあったとなら、村をあげて返せ、戻せと叫んで取り戻しに行かなければならない。

やはり久瀬村のちえさんの話に、たかじという子がいなくなったことがある。村人集って夜も昼も鉦・太鼓ならして

たかじを返《かや》せ
でんでこでん
たかじを返《かや》せ

かんかんかん

とてさがした。一週間ほどで戻ったそうだ。

# 守り神

物心ついた時、手許には二つのサルッコと呼ぶ人形があった。一般にある、目鼻あり、衣をつけた人形から見れば、それはすこぶる異形なもので、長い胴体の両端がそれぞれ二つに分かれて両手、両足を形づくり、一方に丸い頭をくくりつけただけの、どちらかといえば、枕に近いような品なのである。二つある一つの方は、真赤な薄絹、紅絹《もみ》で出来ており、形は細身、いかさま箱枕の台の上にのっける枕ほどの太さで、中には綿が入っており、猫の毛に触れるような柔絹の手触りがなんとも心嬉しかった。それで、もっぱらこの猿っコを背に負うなどして遊んだらしいのだが、しかし、乱暴に扱ったわけでもないのに、これは間もなくボロボロになった。布地それ自身が軟弱なものながら、どうやら数ある姉たちのお下がり(お古)であったらしく、私のところで寿命が尽きたのであったろう。

それで仕方なく、もう一つの猿っコの方に相手代えしたのだったが、こちらは、前の物の二倍か三倍は優にありそうな、いじりまわすには過ぎたるかさと、重量感を持ち、ざっくりした手織の白木綿で、中に詰まっているものも、綿ではなく、もっとがさつな粗っぽいものであった。後になって縫い目がほどけたところからのぞいたら、その中身は、籾殻なのだった。

猿っコの縫い方はじつに単純、安直である。小布と、いささかの材料が揃うなら、誰にも、たちどころに仕上げ終《おう》すことが出来る。

まず、長方形の一枚の布を用意する。四つの角を頂点として、それぞれの対角線同士を縫い合わせる。裏返しにして中に詰物をして、腹を綴じ合わす。この折、上部に首の入る場所だけを縫い残しておき、綿などを布に包んだ頭部を据え、縫いつける。これで出来上がりである。

親たちは生きていく業にかかわりをもたないものに手をかけ、ひまをつぶし、費《つい》えとするを是とせざるの気持、はなはだ大であった。つまり、子どもに遊び道具を与えるなど、よくよくまめな親でもないと、またよくよく大事にされている子でもないとしないのが普通だったのである。その点、猿っコは希有なるもののうちで、いかに無駄を排する親たちも、さすがに幼子にばかりは甘い。彼等のために、いっとき鋤鍬《すきくわ》持つ手を針に代えて、あえて余計な一事をしたのだろうと、私などは思いがけなく親たちの殊勝さを見たような気持になっていたのだった。

けれども、これも決して無駄などではなかったらしい。

子ども遊びの採集をしていて、自分たちの遊んだのとまったく同じ猿っコの形が全国に作られていたのを知ったのは驚きであった。幼い時分の玩具はと質問の種にすると、決ってこの猿っコが現れるのだ。形はいずれも同じ、また色も申し合わせたように赤、語り手のお婆さんたちは、傍の座布団などを相手に形状や縫い方を説明してくれるのだったが、なにしろ前にもいうように一種独特な形なもので、ほんの一手、二手で用向きはすむのである。

形も同じなら、名称も不思議にサルと共通する。秋田市泉、それより南部の由利郡由利町（現・由利本庄市）前郷や、さらに南下して山形県遊佐町吹浦、このあたりでは単にサル、福島市ではサルッコと呼ぶ。同じ秋田でも北東端部、十和田町神田で大正六年生れの婦人はマスといったがこの意味は解らない。猿をいうましらとでも関係するのだろうか。名前の意味が不明といえば、次の二名もある。福島県西部、南郷村（現・南会津町）のオフクに、茨城県茨城町小堤のチョウマ。チョウマは東北などでは蝶のことである。この人形、横にすれば蝶の形に似ないこともないようだが。

千葉県佐原の北の栗源町《くりもとまち》（現・香取市）岩部ではていねいに敬称をつけて、オサルコ、一つ町を置いて南に下った芝山町ではサルコ、これはきっと人によっても、オをつけたり、つけなかったりするものであろう。岐阜の坂内村（現・揖斐川町）広瀬でチエノさんも、サルと教えながら、また、オサルサンともいうと語った。オサルサンの名前は滋賀の南端部、信楽町（現・甲賀町）朝宮や、兵庫の東部、氷上郡氷上町《ひかみぐんひかみちょう》（現・丹波市）賀茂でも同じ。賀茂で明治三十七年生れの足立さんは、胴に帯をしめてやったりして遊んだと教える。九州の平戸島の紐差《ひもさし》では名前はオサル、五島列島の奈留島や中通島でもサル、オサルサンと呼んだ。

以上は、昭和五十年までの採集によるものである。これだけで終るのだったら、ただ珍しいというぐらいですんだのだろうが、その後私は産育や行事の方に聞き取りの事項を変えた。そちらにもふたたび猿っコが現れた。

猿っコ

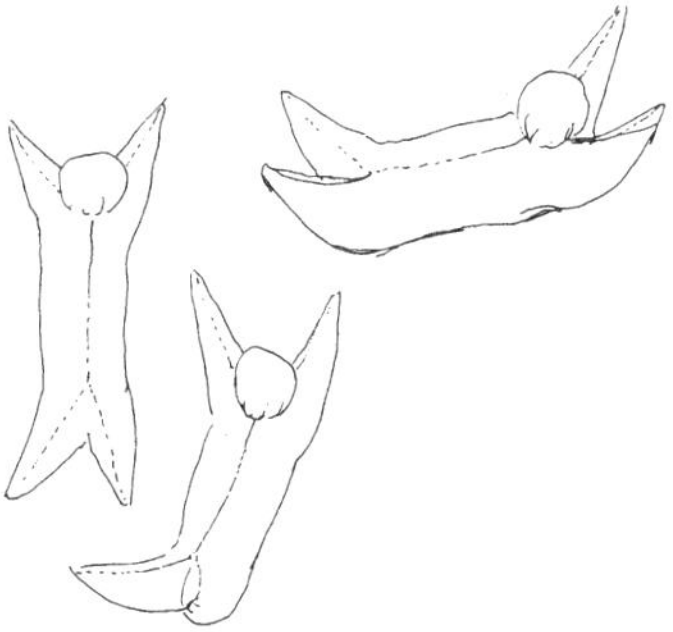

最初に聞いたのは昭和五十五年、宮城の海岸端、歌津町（現・南三陸町）泊浜で阿部シンさん（明治三十年生れ）からであ

った。

「布でサルコ縫い、木でこしゃった（作った）杵コと胡桃《くるみ》とを一つにして掛衣裳の背につけたり、また、歩くようになったわらすコでも背につけてあるのを見た。掛衣裳は赤子をおぶって寒い時に上からかける」

杵コとは一本棒の立杵のことで、子につけるのはごくごく小さく、ただ木片を中くびれにしただけのものとの由であった。そのくびれのところに糸をからめて吊り下げる。正確にいえばこれよりも前、猿っコを身につける習いが東京にもあったことを聞いている。旅先で一晩宿を恵んでくれたお寺のおばあさん（明治三十四年生れ）が、南品川の育ちで、そこでのことに、子どもの頃「布のオサルを着物の付紐《つけひも》につけていた。まよけだという」と語りくれた。私などもそうだったが、女の子はよく巾着やら飾りの小物を腰に吊したもので、その装飾品の一種と見なしてこの時は聞き流していたのだった。

昭和五十七年冬から翌年春にかけての島根から西の旅でもこの件は度々耳にしている。島根の仁多町（現・奥出雲町）阿井であさのさん（明治三十一年生れ）の語りくれるもの。

「初着《うぶぎ》のさんのじ（衿下）にささげのような長い紐縫って二本下げる。布細く折りたたんで縫う。他に小さなサンノコ、手足くくったのつける。色はなんでもかまわない。初着は赤ん坊の間当分着せておく」

　手足をくくるとは、四本の手足を腹の上に持ってきて一つにくくりつける。ますますこれは猟師に捕われた獣のような奇態な形になるのであるけれど、こちらはたしか「くくり猿」などと称されて、よく社寺に奉納されたり、幟の裾に吊ってあったりするものだから、目にされている方も多いであろう。もて遊びとする猿っコと違って衣類などに付すこれらは、たいてい玉のようにくくられた、くくり猿の方なのである。なお、生れだちの子の着る初着には、これら、殊に力弱い者の魔から逃れるためにといって種々さまざまなまよけの品が吊されるのだ。

くくり猿

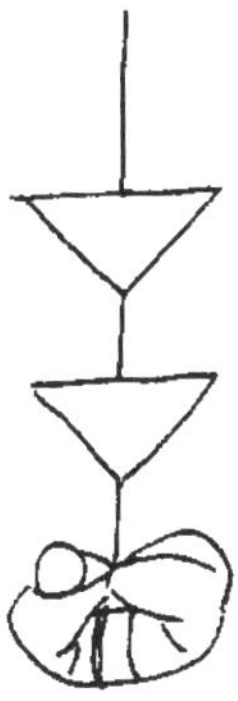

鳥取県日南町

　松江市の海に沿う村、魚瀬でもつける対象は赤子であった。大正九年生れの金田さんが語ってくれた。

「赤布でごく小さいオサル縫い、生れ子の着物の背につけてやる。生れたばかりの子の着る着物だから一つ身（小幅の着物）だ。母親がやっていたのを覚えている。この他に三角のものを上すぼって（すぼめて）、木の葉のようになったのもあった」

はっきり病気の折のお守りにと聞かせたのは四国徳島の山間部、一宇村（現・つるぎ町）平のひで子さんであった。彼女はいう。

「子どもの頃、赤痢大いにはやった。布でサル作って子どもの着物の背につけた。また桑の木の軸の小さいのを一緒に吊したようだった」

愛媛の西海岸、北宇和郡津島町（現・宇和島市）大日堤などでも、百日咳はクビシメと称して、これが流行ると、ナルテン（ナンテン）の細い軸木を中くびれ状に削り、キンカン一個と、赤布で縫ったサルをポンシン（綿の入った袖なし）の背に吊したという。

もっともこの地でも、病気時に限らず、平生でもお守りにしていた形跡がある。ここでは十月十八日の村祭に牛に似た姿をした「牛鬼」という作り物が出る。牛鬼は全身赤い衣で覆われているのだが、毎年祭前になると女たちが出て衣の破れを繕う。その時に出た小布を誰もがもらって帰り、小さなサルを作って、子のポンシンの背にくくりつけてやったものだという。

同じ町横浦でムメさんが聞かせた。

「ナルテン（ナンテン）のてぎの（手杵）と、赤い指先ばかりのサル、袖なしの背につけてやる。

流行病《はやり》つかぬようといって、サルは頭だけ白とか黒とかにし、手足を丸くくる」

津島町の南隣の内海村（現・愛南町）のあたりでもこれは似たようであった。網代で明治二十八年生れの立貝ウメノさん。

「赤布で縫った小さなサルと、桑の木で作ったてぎの（手杵）を子どもにはじめてポンシン縫ってやる時につける。冬はどの子もポンシンを着た」

猿っコにしても、手杵にしても、背につけるのではあたりが固かろうと思うのだが、二つともほんの小型のものだから一向に障りはないのらしい。ウメノさんは小さいほどお守りになるといって、縫うにも難儀なぐらい小さいのにしたなどと語る。

同村平碆《ひらばえ》で明治四十二年生れのこいしさんの見知っているのはこんなだ。

「指先ばかりのサル、てぎの、文銭一枚、背中に吊っていた。殊に弱い子などそうする」

百日咳や、赤痢に吊る地もあったが、壱岐の南側の港、石田町（現・壱岐市）君ケ浦では、麻疹《はしか》が流行ると赤布でサルを縫い、ナンテンで作った横槌と共に家入口に吊る習わしであった。

要するに猿っコはお守りなのである。まよけの品なのである。幼児に猿っコを縫いあてがったのは、なにも、親たちの愛情の発露でも子の喜びのためでもない。ひとえに、子を魔物から守る必要からだったのである。人の守り役をつけるように、猿っコに子を守《も》ってもらおうとしたのである。

　これがなぜ〝猿〟かについては、目下のところ次の二つの見方が出来るようだ。一つは、猿の語にはさしたるいわれがなく、問題はその赤色にあったということ。赤はまよけの色であった。生れ子の初着に赤が用いられるのもそのためだし、背につけるお守りにももっぱら赤布があてられ、また赤糸が用に向けられている。親たちをして最大恐れさせた疱瘡《ほうそう》や麻疹《はしか》にはそれこそ赤色の採用が目立つのであって、部屋の内に赤布張り、子の頭には紅染の手拭をかぶせ、幣束《へいそく》もわざわざ赤紙で切って枕元近くに立て、戸口に吊り、屋根の上に掲げ、また、まんじゅうにまで紅をさして、ともかく、赤色の力にあずかって子のまわりから厄神を遠ざけようとする。猿っコはその赤色を子の身近に添わせ置くための方策として形なされたものであり、その姿態はなはだ粗略な点もさりながら、なによりも色の赤いことをもって「猿」の名が呈された。

　もう一つの見解は、〝猿〟にはそれ相応の意味かこめられてあったろうこと。かくばかり各地に呼び名の統一が見られるところからみればこれも無視出来なくなるものなのである。

　赤子をさしては蟹《がに》コとか蛙《べっき》とか蔑称する地がある。多分に、魔のものから眼くらましのためだ。生れ子の枕近くには犬の作り物、張子などを置く。この犬の役目は、子の身代わり、悪意の眼をまぎらわせるためにあるのだろう。いってみれば影武者である。猿っコもまた、この犬と同位置にあったことが想像出来る。犬もとりわけ人との付き合い深い動物ではあろうが、猿こそはその犬よりもはるかに久しく、また広く人の馴染を得ていた相手だろうとおもうから。

# あとがき

今は出版事情がひどく悪いらしい。数年前からこの状態だったようだから、「今も」と書くべきか。私は前から書きためてある原稿を何点か持っている。誰も関心をもたないものだ。えゝい、いいか、死んでから出すことでもいいかと、ふてくされていた。

ところがそれを漏れ聞いた論創社主の森下紀夫さん、立ちどころに「うちで出しましょう」といってくれる。欣喜雀躍。中の一冊がこのような形で読者と対面する運びとなった。

お察しの通り、いずれも十五、六年前までに書きためたものである。最後の章の、雑誌に載った文章に至っては三十年ほど前のものもあるが、一人の人間の依ってきたところのものとして、あえて記述は変えなかった。

デザイナーの山本睦仁さん、編集して下さった松永裕衣子さんにお礼を述べます。

その前に、こうした文章を書かせて下さった各地の皆様に心からのお礼と敬意を表します。

二〇一〇年一月五日

斎藤　たま

【初出掲載誌】

臼の音

まよけの音……『季刊 自然と文化』一九八六年九月号（ナショナル・トラスト刊）

箒の話

箒の話……『アルプ』一九八一年八月号（創文社刊）
十字……『アルプ』一九八二年十月号（創文社刊）
鍋をかぶせる……『歴史読本』一九八一年十月号（新人物往来社刊）
潮の力……『季刊 自然と文化』一九八五年三月号（ナショナル・トラスト刊）
葬の白と黒……『季刊 自然と文化』一九八五年新春号（ナショナル・トラスト刊）
神とモノ……『季刊 自然と文化』一九九〇年三月号（ナショナル・トラスト刊）
橋の下に住むもの……『季刊 自然と文化』一九八四年六月号（ナショナル・トラスト刊）
こどもたちのこわいもの……『季刊 自然と文化』一九八四年秋季号（ナショナル・トラスト刊）
守り神……『季刊 自然と文化』一九八八年秋季号（ナショナル・トラスト刊）

**斎藤 たま**（さいとう・たま）
1936年、山形県東村山郡山辺町に生まれる。高校卒業後、東京の書店で働く。
1971年より民俗収集の旅に入る。2017年1月没。
著書に『野にあそぶ』（平凡社）、『南島紀行』『あやとり、いととり』（共に福音館書店）、『生とものの け』『死とものの け』『行事とものの け』『ことばの旅』『秩父浦山ぐらし』『ことばの旅1（鶏が鳴く東）』『ことばの旅2（ベロベロカベロ）』（いずれも新宿書房）、『村山のことば』（東北出版企画）、『落し紙以前』『箸の民俗誌』『賽銭の民俗誌』『わらの民俗誌』『便所の民俗誌』『野山の食堂』『暮らしのなかの植物』『旅から』『子どもの言いごと』『新まよけの民俗誌』（いずれも論創社）ほか。

まよけの民俗誌

2010年2月25日　初版第1刷発行
2024年10月30日　初版第3刷発行

著　者　斎藤　たま
発行者　森下　紀夫
発行所　論　創　社
東京都千代田区神田神保町2-23　北井ビル
tel. 03（3264）5254　fax. 03（3264）5232
https://www.ronso.co.jp/
振替口座 00160-1-155266
印刷・製本　中央精版印刷

ISBN978-4-8460-0870-3　C0039　Printed in Japan